ちくま新書

「東大卒」の研究

――データからみる学歴エリート

本田由紀　編著
Honda Yuki

1850

＊凡例

一、本文中の数値のうち、割合について小数点第二位以下を切り捨てた。端数処理の都合で、割合の内訳の和が１００％にならない場合や、割合の差に誤差が生じる場合がある。

二、表中の「＊＊＊」は０・１％水準、「＊＊」は１％水準、「＊」は５％水準、「＋」は10％水準で、それぞれ統計的に有意であることを意味する。

序章

「東大卒」は日本社会の何を映しているのか

本田由紀

†重なり合う象徴としての東京大学

東京大学。その前身は1877年に設立され、86年までは「東京大学」、1886〜97年は「帝国大学」、1897〜1947年は「東京帝国大学」と呼ばれた教育機関であり、第二次世界大戦後の1947年に国立東京大学として再編され、2004年の国立大学法人化を経て現在にいたっています。言うまでもなく日本で明治維新後に設立された最古の大学であり、現在の国立大学の中では最大の規模（2024年5月時点で学部学生数約1万4000人、大学院生数約1万3000人、教員数約4000人）をもちます。

この東京大学は、日本社会において、さまざまな点で関心を向けられ、話題になりがちです。社会からしばしば注目される東京大学の特徴として、少なくとも次の事柄が挙げられるでしょう。

①学生の知的優秀さ
②卒業生の社会的地位
③研究力
④「教育格差」

⑤ジェンダーギャップ
⑥闘争・運動・抵抗

これらの事柄は、相互に連動したり矛盾したりしつつ、重なり合って日本社会における東京大学の（時に奇妙な）存在感の背景となってきました。これらの中には、事実や実態を反映している部分もあれば、誇張され虚像化している部分もあります。また、賞賛や肯定の文脈で語られる場合もあれば、批判的に語られる場合もあります。そうした実像と虚像、肯定と否定が混じり合ったナニモノカのシンボルとしての東京大学は、過去と現在の日本社会に強く作用してきた磁場の一つであると言えます。

以下、まずは上記の事柄を順番に検討した上で、本書が何に取り組もうとしているかについて説明してゆきましょう。

†知的優秀さの象徴としての東大

日本の大学は、入学難易度や威信に関して序列構造が明確であり、東京大学はそのトップに位置づけられる大学の一つです。それだけでなく、たとえば「東大王」と名付けられ東大生が出演するクイズ番組がテレビで放映されたり（TBSテレビ系、2017年4月〜2

4年9月放送）、東大に合格することがストーリーの主軸となるマンガ『ドラゴン桜』（作者は三田紀房、2003〜07年に『週刊モーニング』掲載。「2」は2018〜21年に同誌掲載）やそれを原作とするテレビドラマ（TBSテレビ系、2005年7〜9月放送。「2」は2021年4〜6月放送）が放送されたりするなど、「頭の良さ」「受験勉強の勝者」のシンボルとして扱われることも多々あります。

毎年の入学試験の後には、「東大合格者数別高校ランキング」が雑誌やインターネットで発表されますし、都道府県の教育委員会の中には、地域内の高校の東京大学合格者数を公表したり、またそれを基準として進学に関する「重点校」を指定したりしている例もあります。こうした社会の動向からは、東京大学が日本における知的な優秀さに基づく選抜のシンボル、言い換えれば「メリトクラシー」の象徴とみなされていることがうかがわれます。

周知のように東京大学の入学試験は、文科一類・二類・三類、理科一類・二類・三類という6つの前期課程科類別に実施され、予備校などが公表している「難易度ランキング」によれば、実際に各科類の難易度偏差値や共通テストの得点率の目安は、国立大学の中で最上位に位置する傾向があります。東京大学も2016年度入学者選抜から、「多様な学生構成の実現と学部教育の更なる活性化」（東京大学ホームページ）を掲げて、高校時代の活動実績を重視した「学校推薦型選抜」を導入しています。しかしその定員は合計100名程度で、募集人員約3000名（2024年度時点）のごく一部にすぎず、大半は「一般選抜」で合格しています。「一般選抜」においては、共通テストで6教科8科目の受験が求められ、受験者数が多い場合はその得点で第一段階選抜（いわゆる「足切り」）をされた上で、二次試験として文科は国語・数学・地理歴史・外国語、理科は国語・数学・理科・外国語の受験が求められますので、受験科目数も多く負荷が大きい入学試験です。こうした厳格な入学試験が入学者選抜に課されていることが、入学者の全般的な「学力」の高さという東京大学のイメージを担保する結果になっています。

他方で、東大の学生の優秀さは「気のきく事務屋」にすぎない[1]、「ソツもないけど飛びぬけた発想もない。与えられた仕事はきっちりこなすけど、斬新な発想力もない[2]」といった、批判的な指摘も多数なされてきました（印象論にとどまる場合がほとんどではありますが）。このような毀誉褒貶《きよほうへん》の言葉を浴びせられながらも、いまだ総体としては、東京大学の学生の知的な優秀さに関するイメージは大きく揺らいでいないように思われます。

†東大卒業生の社会的地位

前述の知的な優秀さを重要な背景として、東京大学の学生は、卒業後には社会の中で高い職業的地位に就くものとみなされてきました。そこには、この大学がつくられた歴史的な背景も影響しています。

明治期の1886年に制定された「帝国大学令」は、その時点において現在の東京大学のみを対象としていました。1897年に京都帝国大学が創設されて以後、国内には合計七つの「帝国大学」が順次創設され、第二次世界大戦敗戦後の1949年に新制大学が発足するまで置かれることになります。この「帝国大学令」の第一条には、帝国大学は「国家ノ須要ニ応スル学術技芸ヲ教授シ及其蘊奥《うんのう》ヲ攷究スルヲ以テ目的トス」と書かれていました。つまり、東京大学を含む帝国大学が戦前の日本で与えられていた使命は、「国家の役に立つ学問を行うこと」だったと言えます。

エリート研究で知られる教育社会学者の麻生誠は、設立当初の東京帝国大学の特徴として、最高レベルの国家指導者、特に行政官僚の集中的養成が目的とされていたことを指摘しています(3)。

敗戦後の1947年3月に公布された学校教育法において、複雑に分化していた高等教育機関をすべて「大学」へと一元化することが定められ、49年5月の「国立学校設置法」公布により、新たに国立東京大学が発足してからも、こうした状況は継続していました。麻生は、1958年と68年の「高級官僚」(中央省庁の事務次官・局長)の出身大学・学部を集計しており、前者では159名中117名、後者では170名中121名と、いずれも7割以上が東京大学法学部の出身でした[4]。東京大学の中でも特に法学部は、国家官僚の養成機関としての機能を長きにわたり保持してきたのであり、いわば国家権力に直結するルートだったのです。近年では東京大学や法学部からの国家公務員就職者が減少していることが報道されていますので、東大の官僚養成機能は低下してきていますが、それでも2024年度の国家公務員総合職採用者の中で東京大学卒業者は345名と、2位の京都大学の179名を大きく上回っています。

国家権力との近さという点では、国会議員の出身大学においても東京大学の存在感は際立っています。国立大学協会の「2020年国立大学法人基礎資料集」によれば、国会議員の出身大学は2020年時点で東京大学130名、早稲田大学73名、慶應義塾大学72名、京都大学33名の順となっており、国会議員総数675名のうち約2割を東京大学出身者が占めています。これを政党別に集計した週刊誌『AERA』の記事によれば、当該時点の自由民主党の国会議員の中で83名が東京大学出身であり、東大出身の議員は政権党に集中していることがわかります[5]。

東大が政治権力と密着していることがうかがわれますが、2024年時点で自民党は旧統一教会との癒着や裏金問題で大きく揺れていることに照らせば、東京大学出身の政治家が多いことが公正な政治をもたらすわけではないことも明らかでしょう。

さらに、東京大学には経済学部や工学部など、いわゆる実学的な学部が設立当初から設置されていたこともあり、官僚や議員だけでなく、産業界においても高い地位を占める傾向が見られます。萬成博が1975年に刊行したビジネスエリートの研究によれば、東京大学卒業生がビジネスエリートに占める割合は、1960年時点で36％、70年時点で32％と、欧米諸国に比べて一大学が高い占有率をもつことが特徴的とされていました。[6]

最近年のデータとして、TOPIX100構成企業の役員の出身大学を調べた結果によれば、東京大学222名、慶應義塾大学102名、京都大学73名、早稲田大学72名、一橋大学65名の順となっており、出身大学名を公開している832名の企業役員の中で東大卒が最多となっています。[7]しかし政治と同様に、日本経済が成長率や賃金について過去30年にわたり低迷を続けていることも周知の事実であり、東大卒がビジネス界で上位の地位に多く就いていることが、望ましい経済的成果をもたらすとは言えそうにありません。

このように、東京大学の卒業者は、過去から現在にわたって、政官財界のいずれにおいても有利な地位を占めていることがうかがわれます。そこには、「学閥」や「学歴フィルター」といった、実力とは必ずしも関係のない「社会的閉鎖」（特定の集団が地位を独占して他の人々を締め出してしまうことを意味する社会学の概念）や、偏見・差別に近い行為も反映されている可能性は高いでしょう。そして、東大卒業者が高い地位に就きがちであることが政治や経済面での成果につながっているとは限らないことも確認してきました。ただ、事実としては「東大卒」が特権的な高い地位に就く確率が高いということを否定するのは難しそうです。

†東大の研究力は高いのか

もう一つ忘れてはならないのが、研究や学術という側面での東大の位置づけです。

そもそも日本においては、大学の学部生の約8割が私立大学に在学しており、国立大学の学部生は2割弱にすぎません。しかしこれが修士課程になると、学生の約6割が国立大学に在学しており、博士課程については約7割が国立大学の学生です。つまり、日本においては、大学院教育は圧倒的に国立大学が担う形になっています。

その国立大学の中で、東京大学は教員という形で雇用されている研究者数についても最大の規模をもち、また全学生の約半数が大学院に在籍しているという、いわゆる「研究大学」の典型として位置づけられます。

国立大学協会の「2023年国立大学法人基礎資料集」には、国内大学について、引用された数の多い、すなわちインパクトの大きい論文の発表数の順位が掲載されており、東京大学は分野総合で1位、物理学や地球科学などの個別分野でも1位となっています。

別の指標として、これまでの日本のノーベル賞受賞者の出身大学も見てみましょう。全受賞者28名のうち、東京大学出身者は9名（物理学賞4名、文学賞2名、化学賞、生理学・医学賞、平和賞各1名）、京都大学出身者も9名（物理学賞4名、化学賞3名、生理学・医学賞2名）、名古屋大学出身者が3名（いずれも物理学賞）となっており、東京大学と京都大学が同数で並んでいます（2024年時点）。京都大学と名古屋大学の出身者はいわゆる理系のみであるのに対し、東京大学からは文学賞（川端康成氏と大江健三郎氏）や平和賞（佐藤栄作氏）が出ていることが特徴的です。

このように、東京大学は研究や学術という面でも、国内ではトップと言える位置にあります。しかし、その研究力には懸念が感じられる部分もあります。たとえば、シュプリンガー・ネイチャー社が145の自然科学分野および健康科学分野のジャーナルに掲載された研究論文を毎年分析している結果を見ると（2023年の対象論文は約7万5000本）、世界の大学・研究機関の中で東京大学の順位は2019年11位、20年8位、21年14位、22年20位、23年19位と、低下傾向にあります。このような研究アウトプットの世界的な位置づけの低下は、東京大学だけに限られるものではなく、日本全体について生じているということが、科学技術・学術政策研究所が毎年公開している「科学技術指標」からもうかがわれます。

なぜこのように東京大学や日本の研究力が低下しているのでしょうか。その原因については、鈴鹿医療科学大学学長の豊田長康氏による詳細な分析があります(8)。その分析結果によれば、2004年に国立大学が法人化され、翌年から国立大学の教育研究を支える運営費交付金が削減されたことにより、教員数の抑制や雇用の不安定化、競争的研究費獲得や教育・大学運営業務のための研究者の研究時間の減少などが生じたことが最大の原因とされています。

東京大学は、研究成果だけではなく研究不正についてもしばしば社会から負の注目を集めていますが(2014年および17年に発覚した大規模な研究データ捏造・改竄事件など)、それは、研究環境が悪化する中でアウトプットを求める圧力が増大したことを背景にしていたと言えます。

東京大学は日本の科学技術・学術を牽引する役割を国家的に期待されてきましたが、その機能が国の政策そのものによって揺るがされるという、皮肉かつ悲劇的な状況にあると言えるでしょう。

†東大に凝縮される「教育格差」

ここまでに見てきた、学力、社会的地位、研究力といった事象は、少なくとも国内においては、東京大学が「最高」と呼んでよい立場にあることを示していました。しかしもちろん、東京大学が話題に上るのは、ポジティブな面だけではありません。ネガティブな事象の一つとして、「教育格差」が挙げられます。「教育格差」と一言でいっても、何による格差に注目するか、視点は複数ありえます。ジェンダーによる格差は後述しますので、ここでは出身階層および出身地域による格差を取り上げます。

『AERA』は、記事「東大生の親の年収「1千万円以上」が40%超　世帯収入が高い家庭出身の学生が多い理由」（2023年3月6日付）において、東大生の中で家庭の世帯年収が1050万円以上の割合が42・5%を占めること（データソースは東京大学の学生生活実態調査）、そして図表序-1に示すように特定の私立中高一貫校の出身者が東大に多く合格していることを指摘しています。(9) この記事では、「中学受験カウンセラー」の談話として、「先取り学習をして高校の内容を高2で終え、高3の1年間を受験勉強にあてます。東大受験に中高一貫校は有利でしょう」「中学受験して進学させられるのは、特定の家庭の子どもだけだと思います」と解説されています。図表序-1には「合格者数20人以上」の校

図表序-1　東大入学者の出身高校（2024年）（合格者数20人以上）

高校名	所在地	設置	入学方式	共学・別学	人数
開成	東京都	私立	中学＆高校受験	男子校	149人
聖光学院	神奈川県	私立	中学受験	男子校	100人
灘	兵庫県	私立	中学＆高校受験	男子校	94人
筑波大学附属駒場	東京都	国立	中学＆高校受験	男子校	90人
西大和学園	奈良県	私立	中学＆高校受験	男女共学	71人
渋谷教育学園幕張	千葉県	私立	中学＆高校受験	男女共学	64人
桜蔭	東京都	私立	中学受験	女子校	63人
日比谷	東京都	公立	高校受験	男女共学	60人
麻布	東京都	私立	中学受験	男子校	55人
海城	東京都	私立	中学受験	男子校	49人
栄光学園	神奈川県	私立	中学受験	男子校	47人
浅野	神奈川県	私立	中学受験	男子校	45人
駒場東邦	東京都	私立	中学受験	男子校	44人
浦和（県立）	埼玉県	公立	高校受験	男子校	44人
横浜翠嵐	神奈川県	公立	高校受験	男女共学	44人
早稲田	東京都	私立	中学受験	男子校	43人
渋谷教育学園渋谷	東京都	私立	中学受験	男女共学	43人
ラ・サール	鹿児島県	私立	中学＆高校受験	男子校	37人
東海	愛知県	私立	中学＆高校受験	男子校	36人
筑波大学附属	東京都	国立	中学＆高校受験	男女共学	36人
東大寺学園	奈良県	私立	中学受験	男子校	35人
久留米大学附設	福岡県	私立	中学＆高校受験	男女共学	32人
市川	千葉県	私立	中学＆高校受験	男女共学	31人
旭丘	愛知県	公立	高校受験	男女共学	28人
甲陽学院	兵庫県	私立	中学受験	男子校	27人
女子学院	東京都	私立	中学受験	女子校	26人
豊島岡女子学園	東京都	私立	中学受験	女子校	26人
武蔵（私立）	東京都	私立	中学受験	男子校	26人
岡崎	愛知県	公立	高校受験	男女共学	23人
東京学芸大学附属	東京都	国立	中学＆高校受験	男女共学	21人
千葉（県立）	千葉県	公立	中学＆高校受験	男女共学	21人
船橋（県立）	千葉県	公立	高校受験	男女共学	21人
金沢泉丘	石川県	公立	高校受験	男女共学	21人
宇都宮	栃木県	公立	高校受験	男子校	21人
湘南	神奈川県	公立	高校受験	男女共学	20人
北野	大阪府	公立	高校受験	男女共学	20人

出典）大学通信ホームページ「2024年東京大学合格者高校別ランキング」（https://univ－online.com/success/tokyo/u126/［2024年8月1日取得］）をもとに、近藤千洋作成。

名を示していますが、この条件を満たすわずか36校の有名進学校からの合格者だけで、東大新入生の過半数（1613人／3126人）を占めているという事実には、誰しも疑問を感じるのではないでしょうか。

東大に焦点化した上記のような内容の記事は、これ以外にも繰り返し現れてきました。たとえば、プレジデントオンラインに掲載された記事「「東大生の親」は我が子だけに富を〝密輸〟する」（2016年5月4日付）においても、東大生の家庭の世帯収入が高いことに言及した上で、「富裕層は、子を早いうちから私立校に入れ、有力大学に送り込む。そしてやがては、高い社会的地位につかせる。業績主義を建前とする現代社会にあっても、親から子への富（地位）の「密輸」があることに、われわれは気づかないといけません」と記されています。[10] いわば、こうした語り口は定番化されていると言えます。

出身家庭や出身校に加えて、特定の塾に通っていることが東京大学の一般入試において有利になるということも知られています。「中高6年一貫校の生徒を対象とした、東京大学受験指導専門塾」であることを謳う「鉄緑会」という塾のサイトには、2024年度に482名の塾生が東京大学に合格したと書かれています。この数字が実態に即しているのであれば、当該年度の東京大学合格者3084名の約16％までがこの塾の出身者ということになり、異様な感も覚えます。なおこの「鉄緑会」のサイトには「原則として東大進学

図表序-2　東京大学一般選抜　志願者・合格者出身地所在割合

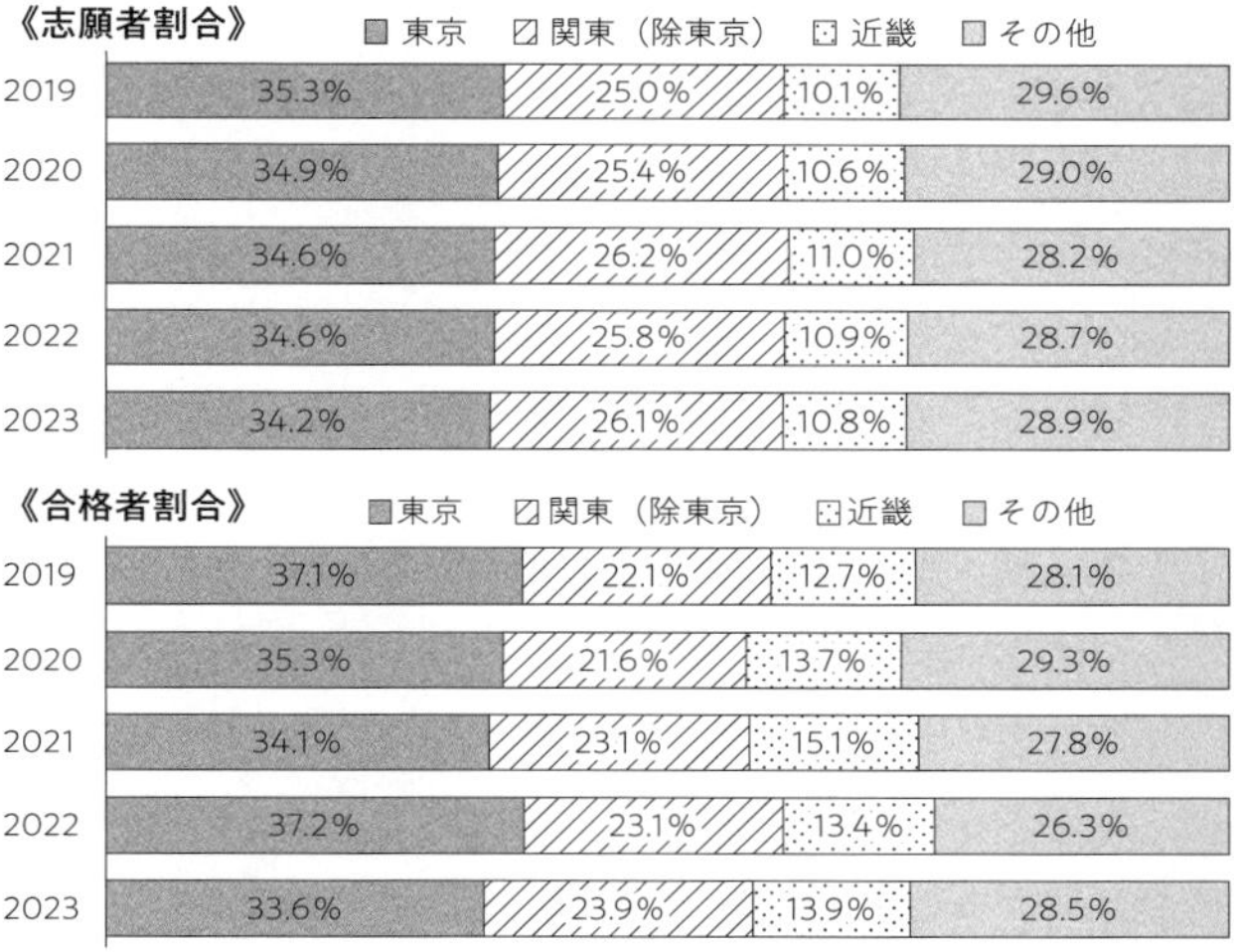

出典）Y-SAPIX「2023東大入試状況」

有名校に通う方のみを指定校生徒として受け入れており」と書かれていることも、有名校とこの塾との密接なタッグを明らかに示しています。

また、地域格差という点でも、図表序-2に示されているように、東京大学の一般選抜の志願者の約6割、合格者の過半数が東京および関東に所在する高校の出身者であり、1割強を占める近畿を除くと、それ以外の地域の高校の出身者は志願者・合格者ともに3割弱に留まります。

これまで見てきたように、東京大学が日本社会においてさまざまな点で有利な地位に近い大学なのであれば、そこへの機会が特定の社会階層や地域に偏っていることは大きな問題です。特に、日本では私立大学の授業料が高く、国立大学はそれに比べれば相対的に授業料が安いことに照らせば、富裕層の方がそうした機会に与りやすいことは、いっそうねじれて見えます。

この現象は私立大学側から、国立大学の授業料をもっと値上げすべきだ、というロビイングに使われてきました。しかし、だからと言って国立大学の授業料を値上げすれば、ただでさえ国際的に見て私費負担が多く公費支出が少ない日本の大学教育の歪みがいっそう悪化してしまいます。そのため私立大学の授業料の値下げと公費による補助の拡大の方が必要です(11)。

この教育格差という問題を考える上では、注意すべき点があります。東京大学は教育格差の象徴として注目される傾向がありますが、東京大学だけに富裕層や首都圏出身者が異常に集中しているというわけではありません。問題は日本の教育システムや大学全体に瀰《び》漫《まん》しているということです。

たとえば、同じ東京都内にある国立大学である一橋大学の2023年学生生活実態調査によれば、学部生の主な家計維持者(世帯収入ではないことに注意)の収入が1000万円以上の割合は3割を超えています。大学により学生生活実態調査の質問項目や選択肢が異なるのできっちりと比較することは難しいのですが、京都大学について公開されている20

11年の学生生活実態調査では、世帯収入900万円以上の学生が37%となっています。また、一橋大学の学生のうち東京出身者は38%、東京以外の首都圏3県の出身者は30%で、むしろ東大よりも首都圏出身者の集中の度合いは高いと言えます。他の都内国立大学もほぼ同様です[12]。

経済的に富裕であったり、保護者の学歴が高かったりする、いわゆる社会階層が高い家庭の出身者がそもそも高校卒業後に大学に進学する傾向があること、特に入試難易度が高いとされる大学にはそうした層が集まりがちであること、大学の多くは近隣に居住する学生が入学する傾向があることなどは、日本の教育システム全体の問題です。東京大学は、そのわかりやすいシンボルとして、しばしば言及されていると言えるでしょう。

これはもちろん、東京大学に責任がないことを意味しません。入試方法や学生の生活支援策など、大学として取り組めることをやり尽くしているというには程遠い現状があるからです。

†東大におけるジェンダーギャップ

2024年2月に、『なぜ東大は男だらけなのか』（矢口祐人著、集英社新書）というタイトルの本が刊行されました。たしかに東大は、2023年時点で学部学生に占める女性の割合は2割、大学院生では3割弱、教員の女性比率は17%、教授に限れば10%と、女性の割合はきわめて少なく、まさに「男だらけ」の状態にあります。

これは、国内の他大学、国外の主要大学と比較しても、異常なほどのジェンダーギャップです。そして、この本はこのような東大の著しいジェンダーギャップを外部から揶揄するものではなく、著者の矢口祐人氏は東大の副学長という中枢に近い立場の方です。この本では歴史と国際比較の観点から、東京大学が過去にどれほど女性を排除してきたかが厳しい反省とともに描かれています。あとがきには、「私たち、とりわけマジョリティ側に属する、男性の大学教員は、ジェンダー平等なキャンパスを目指して、「あたりまえを疑う」という、科学者が身につけるべき基本的所作を、どこまで大学運営に応用できるかを試されている」[13]と書かれています。

この本が示しているように、東京大学は自らのジェンダーギャップを明確に問題として自覚しており、それを何とか変えたいと苦しんでいる現状にあります。教員については女性比率の目標値を設定し、同等の実力の採用候補者であれば女性を積極的に採用する方針を掲げています。

学生については、東京大学は入学試験で女性を差別しているわけでは全くなく、そもそも志願者の中で女性が少ないという悩みがあります。その理由については、すでにさまざまな指摘があり、たとえば大量の卒業生を送り込む中高一貫別学校が女性については少ないこと、日本の女子中高生は数学の学力は世界の中でも高いにもかかわらず苦手意識が強く、入学試験で数学を課す東京大学を敬遠しがちであること、東大の学部定員において理工系の分野が多数を占め、女子がそうした分野を選ばない傾向があること、保護者が娘には難関大学の受験や浪人のリスク、遠方での一人暮らしなどを回避させる傾向があること、女性自身も難関大学より「資格職」に結びつきやすい大学や学部を選びがちであることなどが調査研究により明らかになっています(14)。

加えて、たとえば東大内のサークルなどの中には「東大女子はお断り」で他の女子大学などとの交流を優先する慣行があること(15)、さらには東京大学の男性学生や教員による性的加害(不同意性交、強制わいせつ、盗撮、ハラスメントなど)が報道されていることなども、女性が受験を躊躇《ちゅうちょ》する原因になっているおそれがあります。

なお、東大が「学生の多様性の拡大」を掲げて2016年から導入した学校推薦型入試では、志願者・合格者ともに女性の割合が約半数弱と高くなっており、女性にとっての東京大学への忌避感を下げる一助になっていますが、定員が100名程度ときわめて小さいために、そのジェンダーギャップ是正効果は限られています。

総じて言えば、東京大学のジェンダーギャップは、日本社会全体で色濃い男女間の非対称性（経済や政治の場において高い権限や発言力をもつ女性の少なさ、家庭役割の女性への圧倒的偏り）が反映されているとともに、なまじ東京大学の国内でのプレゼンスが大きいがために、東大そのものが日本社会のジェンダーギャップを維持・再生産し続けるような作用を結果的に果たしてしまっていると考えられます。

東京大学は2024年4月に、従来の男女共同参画室をジェンダー・エクイティ推進オフィスへと拡充改組し、学内でのジェンダー平等に関する研修・教育や啓発などにいっそう力を入れるようになっています。他方で、国内の他大学の理工系学部では広がりつつある、入試や採用における「女子枠」の導入については、東京大学はいまだに消極的です。それは、先に述べた「学力面での優秀さ」という東京大学のもっとも中核的な特性が、性別という属性に配慮した入試改革によって毀損《きそん》されることを東京大学がおそれているからかもしれません。(16)

†闘争・運動・抵抗の宿る場としての東大

東京大学に関してもうひとつ触れておくべきことは、先に述べた国家権力への近さとは相矛盾するようですが、東京大学は反権力的な闘争や対抗的な運動についても、国内における重要なシンボルとなっているということです。

1969年1月18日・19日に、東京大学本郷キャンパスの中央にそびえる安田講堂に立てこもった学生たちを、機動隊が放水により強制排除したことについては、それよりずっと後に生まれた若い世代であっても、どこかで見聞きしたことがあるでしょう。この事件にはメディアの演出もかかわってあまりにも扇情的に報道された側面も含まれており[17]、またそれ以後の学生運動の急激な退潮の契機にもなってしまいました。

しかし、ドラマチックなこの事件以外にも、東京大学はその歴史の中で、権力と反権力がぴったりと背中合わせに貼り合わされたような事態を何度も経験してきました。その都度、反権力的な動きは叩き潰されがちではありましたが、完全に息の根が止められることはなく、底流として維持され続けているように思います。

遡れば、戦前の大正期には、東京帝国大学の政治学の教員であった吉野作造は、「民本主義」を説いて大正デモクラシーを牽引する論者となりました。昭和に入ると、東京帝国大学の憲法学の教員であり天皇機関説を説いていた美濃部達吉が1934〜35年に排撃されるようになり、36年には右翼の暴漢に銃撃されて重傷を負いました。同時期の37年には、経済学部の教員であった矢内原忠雄が、論文や講演で正義の追求を国家の理想として掲げたことを糾弾され、辞任に追い込まれました（敗戦後に復帰し、総長も務めました）。38年には、経済学部長も務めた河合栄治郎が、ファシズムを批判する著書を理由として休職処分となりました。日本が太平洋戦争に向かっていく中で、東京帝国大学の教員の学術的主張は排斥の対象とされていたのです。

戦後には、1960年の安保反対闘争時に、東京大学文学部の学生であった樺美智子《かんばみちこ》さんが国会議事堂前での警官隊とデモ隊との衝突時に命を落としました。1969年の安田講堂の学生排除は、それ以前に東大以外にも広がっていたベトナム反戦運動を前史としていましたが、直接の発端となったのは医学部であり、闘争の素地は理科系学部にも広がっていました。

東京大学の反権力性や学生運動については、おびただしい数の研究や資料がすでに存在しますので、それらをここで掘り下げるにはとても紙幅が足りません。確実に言えることは、時代状況に応じて現れ方は異なっていても、学術的もしくは選良としての東京大学の教員や学生のプライドが、時にこうした反権力的な行動となって繰り返し表出されてきたことです。

学生運動が沈静化して以後、このような対抗的な運動は消えてしまったように見えますが、必ずしもそうではないことは、直近の動きからもうかがわれます。2024年5月に、東京大学の執行部が授業料の値上げを検討していることが明らかになった際、学生や教員の一部は、学内集会、院内集会、署名活動など多様な方法で反対運動を繰り広げました

図表序-3　東大授業料値上げへの反対デモ。2024 年 5 月 19 日、東京大学本郷キャンパス（提供：東京大学新聞社、同紙読者による撮影）

（図表序－3。それに対する執行部の応答は、値上げの必要性の説明や、学生の要求への応答など、多くの点でおそまつとしか言いようのないものでした）。

同年8月5日には、小池百合子東京都知事が関東大震災時の朝鮮人虐殺を追悼するメッセージを出していないことを批判し、メッセージを出すことを要請する文書を、東京大学の教員83名が連名で東京都に提出しました。不当なことを唯々諾々と受け入れない東京大学の学生や教員の姿勢は、今も熾火《おきび》のように生き続けていると言えます。

†日本社会の現状と「学歴エリート」としての東大

ここまで、冒頭で示した6つのポイントに沿って、東京大学の特徴を概観してきました。明治期以後の日本の歴史的経緯の中で、東京大学は日本を代表する大学として、現在にいたるまでとにもかくにもその地位を維持し続けていると言えます。しかし、東京大学の挙動やそれに対する社会からの視線には明暗がないまぜになっており、時には過剰なほどに賞賛されたり、あるいは過剰なほどに批判されたりしてきました[18]。

その規模の大きさや歴史の長さもあいまって、東京大学の像を一つに焦点化して捉えることは容易ではありません。それでも確実に言えることがあるとすれば、東京大学は日本において「学歴エリート」を産出する典型的な機関だということです。

「学歴エリート」とは何か。前掲の麻生誠は、まず「エリート」を、「全体社会のなかで、威信と権力と優れた技能とをもち、一定の領域と水準における意思決定の働きを通じて、一定方向をめざした社会的指導力を発揮する機能集団である」と定義します[19]。その上で、さらに「学歴エリート」の特徴として、学歴獲得過程では「競争移動《コンテスト・モビリティ》」を経験し、学歴獲得後には「庇護移動《スポンサード・モビリティ》」により高いポジションに就くが、世襲や「上流階級」を形成することは少ない、と述べています[20]。

「競争移動」とは文字通り、他者との激しい競争を勝ち抜いていくことを意味し、「庇護移動」とは、特権を与えられて高い地位が約束されていることを意味します。そして麻生は、「競争移動」の過剰な激化の弊害と、「庇護移動」の弱体化により、「学歴エリート」が果たしてきた社会的機能は揺らいでいる、と述べています。

麻生誠がこの論考を書いたのは、半世紀近く前の1977年でした。その後も、「学歴エリート」（あるいは「受験エリート」）への否定的な形容は、繰り返しなされてきました。たとえば、教育社会学者の竹内洋は、「受験型人間像」を、「熱情も意味もなく、しかしそれなりの頑張り人間」「気の抜けた魂であり気の抜けた知性」であると論じました。[21] 中身のない空っぽな勝者としての「学歴エリート」像は、1970年代から90年代初めまでに日本社会全体や教育社会学において支配的であった、「学歴主義→受験競争→教育荒廃」という認識枠組みから派生するものでした。[22] 高いとされる東大生の知性が、クイズ番組や受験ノウハウ指南にしか使われないならば、こうした定番化した揶揄に反論することは難しいでしょう。

しかし、21世紀も四半を過ぎようとしている現在、このような常套的な認識で「学歴エリート」としての東京大学を捉え続けることで、果たして十分なのでしょうか。

周知のように、1990年代初頭のバブル経済の崩壊後、日本社会は大きな変容に見舞われてきました。経済の凋落は見る影もなく、賃金は上がらず、食べるものにも事欠くような困窮状態にある人々の存在が毎日のように報道されています。少子高齢化は進む一方で、人口減少や人手不足が経済にいっそう打撃を与えています。差別的で閉鎖的な移民政策にもかかわらず、日本で暮らす外国ルーツの人々は増え続けています。相次いだ巨大地震や新型コロナウイルス感染症も、人々の生活を脅かしています。旧統一教会との癒着やパーティー券に関する裏金問題は、政権党への不信をこの上なく高めています。「女性の活躍」が叫ばれ続ける中でも、日本のジェンダーギャップのひどさは国際比較からいっそう明らかになっています。

教育をめぐっても、一方では「体験格差」、他方では「教育虐待」などの新たな問題が浮上しています。同時に、「学歴厨 YouTuber」などが、難関大学の学校歴の価値を喧伝するようになっている状況もあり、さまざまな権威の信頼性が薄れていく中でかろうじて「東京大学」という記号がいまだ漂わせるオーラに、一部の人々はしがみつこうとしているようにも見えます。

このように、問題がますます山積みになっているような現在の日本社会において、いまだに(一応は)国内最高の大学としての位置を維持している東京大学。それは日本社会の中で、いかに作動しているのでしょうか。入学までの「競争移動」と卒業後の「庇護移動」は、どのような実態にあるのでしょうか。すなわち、誰がどのように東京大学に来て、社会に送り出された後はいかなる地位や生活を送り、この社会に何をもたらしているのでしょうか。東京大学を通り過ぎていった人々は、いまだにかつて指摘されたような空虚な「学歴エリート」であり続けているのか、それとも、壊れつつあるこの社会の中で、勝者としての傲慢さに浸り続け、減ってゆく富を自身や係累《けいるい》の間で独占しようとしているのか、あるいは、毀誉褒貶をくぐりぬけながら、選ばれた者としての責任を果たそうともがいているのでしょうか。東大卒業生の中にもさまざまに異なる人生があるとすれば、それはいかなる分断線によって区切られているのでしょうか。

東京大学とは、「学歴エリート」とは何なのか、という問いに、いま一度向き合うことが必要とされていると考えます。

†東京大学を対象としたこれまでの調査など

東京大学を型どおりのクリシェで片付けてしまわないためには、データに基づいた検証が必要です。東京大学は、在学している学生を対象として、学生生活実態調査や「学生生活の達成度調査」を継続的に実施・公表し続けています。また、2020〜21年には、学生だけでなく教職員をも対象として、「東京大学におけるダイバーシティに関する意識と実態調査」を実施し、その報告書も公開しています。これらの調査は、東京大学の「中にいる人」の実態の一端を知る上で、重要なデータです。

しかし、「東京大学を経て社会に出た人」、つまり東京大学の卒業生に対する本格的な社会調査は、不思議なことに、特定の学部の卒業生や属性を持つ者を対象としたわずかな例を除いて、これまでほとんど行われていません。(23) 取材やインタビューに基づくルポルタージュはこれまでにいくつか存在しますが、ケーススタディに留まり、計量的に東大卒業生の傾向を明らかにすることはできていません。(24)

東京大学が生み出す「学歴エリート」の実像を明らかにするためには、入学前や在学中の様子と、卒業したあとにどのような社会的地位や家庭生活を経験し、いかなる考え方をもつにいたっているかを検討することが不可欠です。すなわち、東大の卒業生を対象とする、本格的な調査が必要とされています。

†東京大学卒業生に対する調査の概要

それゆえ筆者らは2022年度に、東大卒業生を対象として包括的な内容の質問紙調査を実施しました。調査は学内の研究倫理審査を経たうえでウェブ上に調査画面を設定し、そのURLを東京大学社会連携本部卒業生部門がメールマガジンを配信している卒業生約

6万名に対して送信し回答を依頼しました。調査期間は2022年11月9日から23年1月31日、質問項目は、仕事の状況、家族の状況、東大入学以前の生活、在学中の生活、社会に対する意見などです。

総回答者数は2437名であり、おそらく回答負荷が大きかったことを原因として回答依頼対象総数に比して回答率が小さいため、代表性は確保されていません。ですので、本書で示す結果は暫定的な知見、参考値に留まりますが、先述の通りこれまで東大卒業生に対する質問紙調査はほとんど実施されてこなかったことから、貴重なデータであることは確実です。

本調査を実施した筆者および本書の執筆者は、それぞれ教員や学生という立場で東京大学に所属しています。しかし、この調査は純粋に学術的な研究プロジェクトとして実施されたものであり、東京大学の広報などを目的とするものではありません。本書を読んでいただければおわかりいただけるように、執筆者らは調査データとの対話を通じて、東京大学の実情をできるだけ客観的に把握し、むしろ内部者としての自省をも込めて厳しい批判をも辞さず、東大に問題があるとすれば変えてゆきたいというスタンスで、今回の分析に臨んでいます。

調査回答者2437名のうち東大の学部（学士課程）を卒業した者は1788名であり、

うち性別は女性329名、男性1448名、性別無回答11名、日本国籍を有する者が1768名です。性別無回答11名はセクシュアルマイノリティである可能性があり、重要な存在ではありますが、今回の回答者の中では少数であり諸変数の分布を見るためには制約が大きいことから、本書では男女間の比較を行います。回答者の東京大学在学時の所属学部は女性の約3分の2がいわゆる「文系」学部（法・教養・経済・文・教育）であるのに対し、男性は半数強がいわゆる「理系」（工・理・薬・農・医）です。

本書では、東大学部卒業の男女を主な分析対象とし、[25] 東大卒業生の実情について、調査結果からの知見を示してゆきます。なお、繰り返しになりますが、本書で示す数値は、あくまで今回調査の回答者における結果であること、また分析において見出されたことがらは傾向にすぎず、回答者全員・東大卒業生全員に当てはまるものなどではないことには留意が必要です。

†本書の構成

本書の執筆者は、東京大学大学院教育学研究科の比較教育社会学コースの教員である本田由紀（序章と第三章を担当）と、そのゼミ生として博士課程に在籍する（在籍していた）大学院生から成ります。

まず第一章（久保京子）では、地方出身の女性として東大に入学・卒業した人たちの大学入学前の生活や進路選択の特徴を、男性および東京圏出身者と比較しつつ描き出します。世代による変化もありますが、総じて地方の、特に公立高校出身の女性は、東京圏出身者や国私立高校出身者と比べて家庭背景が恵まれている度合いは低く、母親の就労率が高い傾向があります。読書量は多いですが、友人関係や親との関係は相対的に濃厚でない中で、高校の教員による勧めをよすがとして東大に進学したことがうかがわれます。そうした、まるで「野武士」という言葉を連想させるような地方出身女性は、東大入学後には二重のマイノリティ性を強く感じ、時には差別的に扱われる経験もしていたことが、自由記述の回答からはうかがわれます。

第二章（近藤千洋）は、両親がいずれも大卒ではない中で東大に入学した「大学第一世代」に焦点を当て、東大への進学理由や入学後の大学生活への影響を分析しています。「第一世代」であることは、家族や親族に勧められて東大を受験した割合が低いことを除けば、学業や満足度に関して特に低いわけではありません。しかし、課外活動や学外の人脈に関しては、「第一世代」の低調さが見出されました。自由記述においても、出自による学内の分断を語る声があります。見過ごされてきた「第一世代」という東大内のマイノリティに対して、本章では支援策の必要性を提唱しています。

第三章（本田由紀）では、東大卒業後の職業キャリアを検討しています。東大卒の男性は中高年になるほど経営者や管理職という高い地位に就いている割合が多くなるのに対し、女性は高年齢層ほど専門職が多くなり、東大卒女性たちが専門性を発揮することで仕事の世界を乗り切ってきたことがうかがえます。東大卒業生は総じて勤務先企業規模や収入などについては有利であることが確認されますが、その中でも男女間の格差がかなり明確に見られました。加えて、「第一世代」や出身高校の特性が収入に影響するなど、同じ東大卒であっても卒業生の中には差異が生じていました。

第四章（中野円佳）は、東大卒業生の家族形成、すなわち結婚や子育てについて分析を加えています。東大卒女性の中で既婚者や子どもがいる人の割合は、むしろ日本の大卒者全般よりもやや大きく、多くが仕事と家庭を両立していることがわかりました。また、結婚相手の選択基準や出身大学について、東大卒男女の間には大きな違いが見られました。子育ての内容について、東大卒女性は全般に熱心であるのに対し、男性に関しては自身が子ども時代に親が行っていた子育てが影響するということも確認されました。

第五章（九鬼成美）では、東大卒業生の社会に対する意識や考え方を分析しています。他の意識調査と比較すると、東大卒業生は「自己責任意識」が強いとは言えませんが、「再分配支持」は弱い傾向が見られ、「社会運動への関心」はきわめて強く、「ジェンダーギャップ認識」は男女で大きく異なるものの、社会全般よりはやや弱いことがうかがわれました。こうした意識は、出身学部や大学生活の過ごし方によっても影響を受けていました。

これらすべての章では、単に分析結果を示すだけでなく、それをふまえて東京大学が取り組むべき課題や施策について、章末で提案を掲げています。各章の分析では、計量的な分析を主軸としつつ、調査票への自由記述回答も適宜取り上げることによって、計量的な結果に対する質的な肉付けに努めています。計量分析結果を示す際には、どうしても統計的な用語を使って記述せざるをえなくなっていますので、基本的な用語については、この序章に続く「統計用語の解説」にまとめました。

本全体の最後には、執筆者らがこの東大卒業生調査データを分析してみて感じたこと、考えたことを率直に話し合う座談会の模様を収録しました。複雑な顔をもつ東京大学の卒業生の方たちの複雑な人生を垣間見て、執筆者各自が感じた複雑な思いが語られています。

卒業生調査を通じて浮かびあがる、東京大学の実像の一端を読者の方々と共有し、これからの東大や日本社会を考える素材とできれば幸いです。

註

（1）安冨歩『「学歴エリート」は暴走する――「東大話法」が蝕む日本人の魂』講談社＋α新書、2013年、34頁。
（2）中本千晶『東大卒でスミマセン――「学歴ありすぎコンプレックス」という病』中公新書ラクレ、2012年、72頁。
（3）麻生誠『日本の学歴エリート』玉川大学出版部、1991年／（増補版）講談社学術文庫、2009年、89頁。
（4）同右、202頁。
（5）「【ランキング】国会議員の出身大学ランキング〈全議員、政党別、女性、2世3世〉」『AERA』2021年9月29日付。
（6）Mannari, H. The Japanese Business Leaders, University of Tokyo Press, 1975: p. 223.
（7）「一流大企業の役員、わずか14校の大学出身者がほぼ独占…東大など旧帝大と早慶一工」『ビジネスジャーナル』2024年5月12日付。
（8）豊田長康「日本の研究競争力低下の因果推論」日本学術会議総会講演資料、2024年4月22日。
（9）「東大生の親の年収「1千万円以上」が40％超　世帯収入が高い家庭出身の学生が多い理由」『AERA』2023年3月6日付。
（10）舞田敏彦「「東大生の親」は我が子だけに富を〝密輸〟する」プレジデントオンライン、2016年5月4日（https://president.jp/articles/-/17938［2024年12月20日取得］）。
（11）詳しくは拙稿「「限界」を迎える日本の大学費用負担構造」『地平』2024年10月号を参照。
（12）国立大学協会「2023年度国立大学法人基礎資料集」。
（13）矢口祐人『なぜ東大は男だらけなのか』集英社新書、2024年、223～224頁。
（14）東大の女子学生を中心とする学生団体が実施した調査に基づく、江森百花・川崎莉音『なぜ地方女子は東大を目指さないのか』(光文社新書、2024年)などを参照。
(15) 藤田優「東大インカレサークルで何が起こっているのか――「東大女子お断り」が守る格差構造」『WAN女性学ジャーナル』2022年。
(16) 入試とジェンダーの関係については、打越文弥「大学「一般入試」は公平か?」『世界』第985号、2024年9月を参照。
(17) 吉見俊哉『さらば東大――越境する知識人の半世紀』集英社新書、2023年。
(18) 東大批判の歴史の包括的なまとめとしては、尾原宏之『「反・東大」の思想史』(新潮社、2024年)を参照。
(19) 麻生誠、前掲書、17頁。
(20) 麻生誠、前掲書、23頁。
(21) 竹内洋『日本のメリトクラシー――構造と心性』東京大学出版会、1995年/(増補版)2016年、254頁。
(22) 藤村達也「受験競争をめぐる研究の系譜・死角・展望」『京都大学大学院教育学研究科紀要』第70巻、2024年。
(23) 小林雅之『(平成23―24年度)文部科学省特別研究促進費「大学への投資効果と新時代における大学システムの在り方に関する調査研究」(徳永保研究代表)「大学の卒業生に関する調査」結果』(東京大学大学総合教育研究センター、2014年)は、工学部と経済学部の卒業生を対象とし、在学中に身につけたスキルと卒業後のスキルとの関係を分析しています。東京大学女子卒業生の会さつき会編『東大卒の女性――ライフ・リポート』(三省堂、1989年)では、女性の卒業生を対象とした調査結果の一部が紹介されています。濱中淳子『「超」進学校開成・灘の卒業生――その教育は仕事に活きるか』(ちくま新書、2016年)は、開成と灘の卒業生を調査したもので、調査に回答した両校の卒業生の約半数が東京大学卒であり、さまざまな角度から分析がなされていますが、女性は対象に含まれていません。

(24)　秋山千佳『東大女子という生き方』（文春新書、2022年）、おおたとしまさ『ルポ東大女子』（幻冬舎新書、2018年）、樋田敦子『東大を出たあの子は幸せになったのか――「頭のいい女子」のその後を追った』（大和書房、2018年）、川人博編『東大卒20代の会社生活――受験戦争の勝者たちの今』（かもがわ出版、1994年）、鎌田慧『野望の航跡――東大経済卒の十八年』（講談社、1989年）など。

(25)　本書で東京大学の学部を卒業した者を分析対象としている理由は、修士課程もしくは博士課程から東京大学大学院に入学した者は卒業大学や経歴、国籍などが多様であるため、別途の分析を必要とすることによります。

統計用語の解説

N：当該のカテゴリーに当てはまる、あるいは分析に使用した回答者数。

変数：回答者によって異なる数値のこと。質問紙調査における個々の設問への回答結果、もしくはそれらを計算等により加工した値のことを意味する。連続的に変化する変数を「**連続変数**」、複数のカテゴリーに分類される変数を「**カテゴリー変数**」と言い、ある事象に該当するか否かを1か0かで表した変数を「**ダミー変数**」と言う。

クロス表：分析対象を複数のグループに分けて、グループ別に他の変数の分布を検討したもの。グループ間で分布に差が見られるかどうかを分析する際に用いる。

統計的検定（**χ2乗検定**など）：「グループ間で差がない」「その変数は他の変数と関連がない」といった仮定（「**帰無仮説**」という）が分析対象に当てはまる確率（「**有意確率**」と言い、「**p値**」という数値で示す）を、計算によって推定すること。p値が小さければ小さいほど、帰無仮説は当てはまる確率が小さい、逆に言えば当てはまらない確率が大きくなり、「グループ間で差がないとは言えない」「その変数は他の変数と関連がないとは言えない」ということになる。「差がないとは言えない」「関連がないとは言えない」つまり「差がありそうだ」「関連がありそうだ」ということを「**統計的に有意**」と表す。p値が0・1％未満（「p<0.001」と表記し、該当する数値に「***」のマークを付記）であればその統計的に有意である度合いは強く、1％未満（同様に「p<0.01」、「**」）もしくは5％未満（「p<0.05」、「*」）である場合も統計的に有意であるとみなす。場合によっては10％未満（「p<0.1」、「+」）であっても参考として言及する。

回帰分析：ある変数に対して、他の変数がどれほど影響しているかを計算により推定する方法。影響される変数のことを「**従属変数**」、影響を与える変数のことを「**独立変数**」と言う。1つの変数に対して他の1つの変数の影響を検討する場合は**単回帰分析**と言うが、多くの場合、1つの従属変数に対して複数の独立変数がそれぞれどれほど影響しているかをいっきに計算する形で使用される。このような分析は、他の独立変数の影響を除去した上で（これを「**統制**」という）、特定の独立変数固有の影響を検討することができるという利点がある。従属変数が連続変数である場合は**重回帰分析**、従属変数がダミー変数である場合は**ロジスティック回帰分析**という計算方法を使用する。いずれの方法でも、個々の独立変数について「**偏回帰係数**」、「**オッズ比**」（ロジスティック回帰分析の場合）、「**標準誤差**」、「p値」、その分析（「**モデル**」という）全体の説明力を表す「**決定係数**」（ロジスティック回帰分析の場合は「疑似決定係数」）などの統計的数値が算出され、それぞれの独立変数が従属変数に対して統計的にどれほど有意な影響を及ぼしているか、当該のモデルが従属変数の規定要因をどれほど明らかにできているかなどを、これらの数値から読み取る。偏回帰係数の符号がプラスであれば独立変数は従属変数に対して正の影響や関連をもち（独立変数が大きいほど従属変数も大きい）、マイナスであればその逆となる。オッズ比は、従属変数に該当する確率が何倍になるかを示すもので、1より大きければ正の関連、1より小さければ負の関連をもつと言える。

交互作用項：複数の変数の積を計算することで作成される変数。交互作用項を重回帰分析やロジスティック回帰分析の独立変数として投入することにより、積に含まれる変数の条件が重なったときに及ぼす影響（「**交互作用効果**」という）を検討することができる。

第一章

「地方出身東大女性」という困難

——出身地格差とジェンダー格差

久保京子

東京大学は女性学生が少ないことはよく知られていますが、特に地方出身の女性が少ないという特徴があり、地方出身女性の割合はここ10年間で、5〜10%未満の間で停滞しています。本章では、「東京大学には地方出身の女性がなぜ少ないのか」という問いを裏返して、「地方出身の東大女性とはどのような人なのか」という問いを立てて、彼女たちが大学入学前にどのような環境で育ったのか、どのような経験をしてきたのかを、東京圏出身の男女や地方出身男性と比べることによって明らかにします。最後に、地方出身女性東大生を増やすにはどのような支援を行えばよいのかについて検討します。

図表 1-1　東京大学の東京圏／地方・男女比率の推移（%）

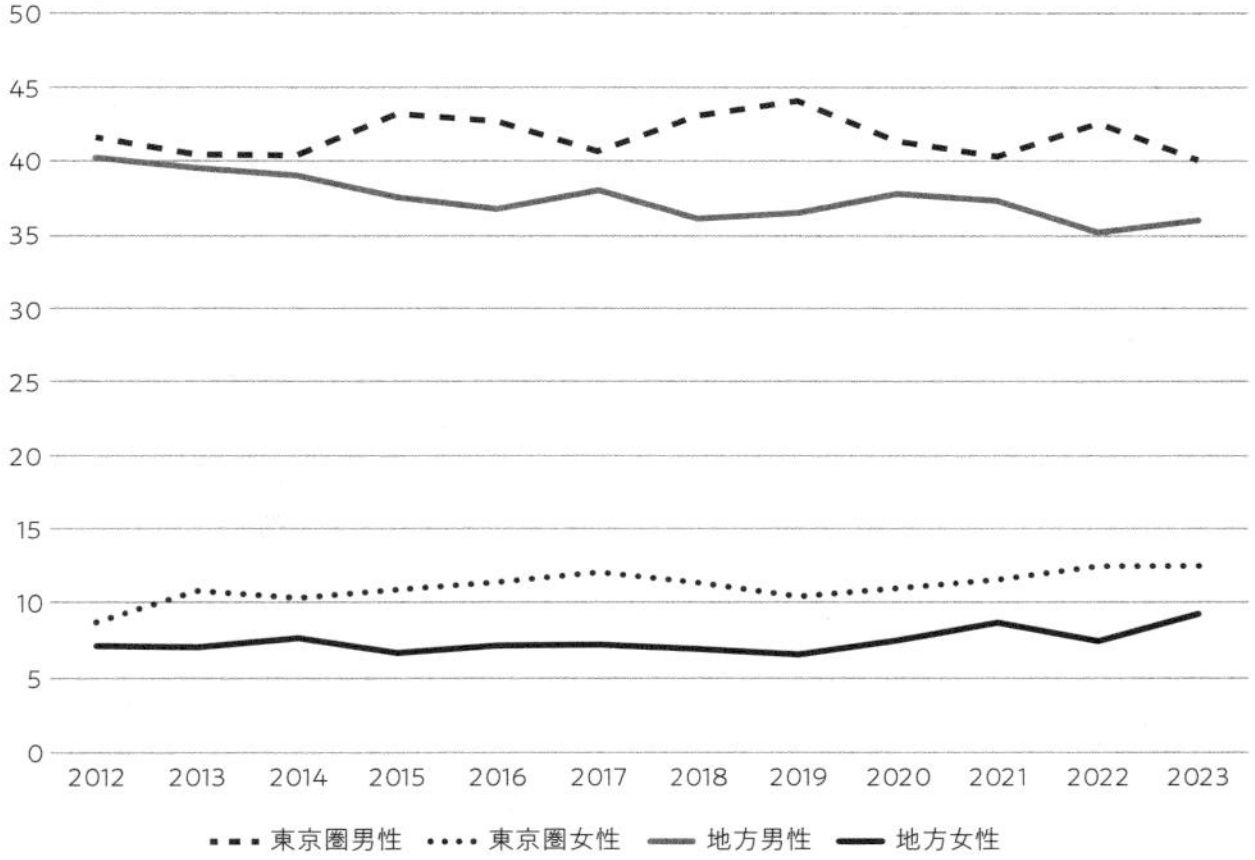

出典）独立行政法人大学改革支援・学位授与機構「大学基本情報」をもとに作成。

†東大生の地域・性別の偏り

東京大学をはじめとした日本のいわゆるトップ大学において、男性学生の比率が高いことはよく知られています。例えば2024（令和6）年度東京大学学部入学者総数における女性比率は20％強でした[1]。さらに東京大学は、東京およびその近隣地域出身の学生が多く、東京から離れた地域の出身者は少ないことも特徴です。

図表1－1は、東京大学の1、2年生を出身高校の所在地（東京都、神奈川県、千葉県、埼玉県の4都県からなる「東京圏」、あるいはそれ以外の43道府県からなる「地方」）と性別（男女）の組み合わせで4グルー

プに分け、それぞれの割合の２０１２～２３年の推移を示したものです。これを見ると、東京圏男性は40％前半、地方男性が30％後半で推移しています。前者がたった４つの都県の合計であり、後者が残り43道府県の合計であることを考えると、「東京圏男性」は、東京大学において圧倒的な多数派であり続けているといえるでしょう。

逆に、地方女性の割合は、43道府県を合計しても、ここ10年では、５～10％未満の間で停滞しています。グラフ中の期間で最も地方女性の割合が高い２０２３年であっても、わずか９％と、東京大学の中で少数派であることがわかります。東京圏女性は、それをやや上回る12％程度で推移しています。

†なぜ「地方女性」に着目するのか

東京大学は東京にあるので、東京圏の高校を卒業した者（≒東京圏出身者）が多いのは当たり前と思われるかもしれません。しかし、序章で指摘した通り、高級官僚、政治家、大企業役員、研究者など日本を牽引していくリーダーや社会的地位の高い職業で東京大学出身者が多くを占めている現状において、このような人材を養成する大学の学生が東京圏出身の男性に偏っていることは、日本全体の男性中心主義や東京中心主義につながり、好ましいことではありません。すなわち、東京大学において地方出身の女性学生が少ないことは社会全体の構造に関わる問題であるといっても過言ではありません。

では、なぜ東京大学には女性、特に地方出身の女性が少ないのでしょうか。２０２４年に、矢口祐人『なぜ東大は男だらけなのか』（集英社新書）や江森百花・川崎莉音『なぜ地方女子は東大を目指さないのか』（光文社新書）などの、こうした問題意識をテーマとした書籍が出版されました。このことは、女性が社会に進出するようになり、さらに社会が成熟して、発言力や決定力をもつ女性がもっと多く必要であるという動きが活発化したことにより、東京大学に女性、特に地方出身の女性が少ない事実が注目されてきたためといえるでしょう。

東京大学が設立されたのは１８７７年、女性が入学を開始したのは１９４６年です。女性が入学を開始した当時の入学者に占める女性割合はおよそ２％でした[2]。現在はおよそ20％になりましたが、学部間で偏りがあり（女性の割合が最も少ない理学部は11％、最も多い教育学部は45％）[3]、多様性の観点から20％であっても十分とはいえません。

東京大学内部の女性支援の動きとして、東京大学女性卒業者の同窓会である「さつき会」が１９６１年に設立され、男女共同参画室が２００６年に設置されました。近年、女子中高生を対象とした説明会や女性学生を対象とした家賃補助事業、奨学金など、東京大学は女性学生を増やすためにさまざまな施策を行っています。しかし、女性学生の割合は約20％のまま横ばい状態が続いており、これまでの施策では十分ではないといえます。

†東京大学の地方女性を調査することの困難

「東京大学には地方出身の女性がなぜ少ないのか」という問いに対して、さまざまな原因——女性に高い学歴を求めない風潮、地元から離れることや浪人をしてまで難関大学に挑戦することに家族が反対すること、女性の資格志向など——が指摘されています（序章参照）。しかし、この問いを裏返して、「地方出身の東大女性とはどのような人なのか」と問うことが可能です。

これまで指摘されてきた、東京大学に地方女性が少ない問題を克服して東京大学に入学した地方出身の女性たちについて調べれば、東京大学をはじめとしたトップ大学の女性比率を増やすヒントが得られるかもしれません。

確かに、東大女性をテーマに据えた書籍はすでにいくつか出版されていて、私たちは東京大学出身の女性の声を知ることができます。[4] しかし、そうした書籍に登場する東大出身女性の多くは著名人やユニークな経歴の持ち主です。そうした人のエピソード（個人の経験に基づいた情報）をもって東京大学の女性の代表とすることは、実態を正確に捉えたとはいえません。

数少ない東大女性のデータとしては、「東京大学学生生活実態調査（以下、学生生活実態調査）[5]」と、先ほど触れた東京大学女性卒業者の同窓会である「さつき会」が行った調査（以下、さつき会調査）が挙げられます。

「学生生活実態調査」は1950年に第一回が行われ（大学院生は1958年から）、現在まで続いている東京大学の学生を対象としたアンケート調査で、対象者の抽出方法や質問項目について変遷を経て、現在に至ります。「学生生活実態調査」からは両親の職業や世帯収入など、東京大学に在籍する学生についての貴重な情報を得ることができます。しかし、この調査は、学生の大学での学生生活やその後の進路に主な関心があるため、入学以前に所属していた学校に関する情報や、小中高時代の経験など、「地方出身の東大女性はどのような人か」という関心に則した情報を十分に得ることはできません。

「さつき会調査」は、先ほども述べた、東京大学の女性卒業生同窓会組織であるさつき会が25周年記念（1985年）[6]、45周年記念（2007年）、60周年記念（2021年）[7]の節目に行った調査です。家庭の豊かさ、親の学歴や仕事での役職など、東京大学出身女性のバックグラウンドについて細かく尋ねている貴重な資料ですが、女性のみを対象としており、男性と比較ができない点に問題があります。

そこで本章では、私たちが独自に実施した東大卒業生調査のデータを分析することで、地方出身の東大卒女性の特徴を明らかにし、東京大学に地方出身の女性を増やすにはどうしたらいいかについて考えていきたいと思います。

†分析に用いる方法

本章では、「東大卒業生調査」の回答者を出身地（東京圏／地方）と性別（男性／女性）に基づいて4つのグループに分け、それぞれのグループを「東京圏男性」「東京圏女性」「地方男性」「地方女性」と表記します。以下では、入学前のバックグラウンド（親学歴、母親の就業状況、親の子育て）、高校での経験、進学理由という3つの視点から4グループを比較することで、東京大学に入学・卒業した地方女性の特徴を明らかにしたいと思います。

さらに、生まれた年代による違いを考慮して、東大生を1953〜85年生まれ、1986年以降生まれの2グループに分けました。この2つの世代に分けたのは、本章の焦点となる「地方女性」が同数に分かれ、それぞれの年代で分析に十分な回答者数を確保できるからです（1952年以前出生の「地方女性」は今回の回答者の中にはいないため、1953年以降を分析対象にしています）。以下、本章では、年代によって分けられた2グループを「1985年以前世代」「1986年以降世代」と表します。

「出身地」「性別」「出生年」によって分析対象者を分類するため、これらの項目について

図表1-2　本章の分析対象者における4グループの比率（%）

	東京圏女性	地方女性	東京圏男性	地方男性	N
1953〜85年生まれ	9.6	6.2	36.1	48.1	1069
1986年以降生まれ	17.5	15.6	29.6	37.2	422
年代計	11.9	8.9	34.3	45.0	1491

回答していない人は分析から除外されます。その結果、対象は図表1-2の通りになります。1986年以降世代は、図表1-1に比べて、女性の比率が高くなっていますが、これは東大卒業生のうち、若い年代において女性の方が私たちの調査に対して多く回答してくれる傾向にあったためです。

性別、出身地、出生年以外に、教育に関する調査・分析で個人の属性を表す重要な要素として、大学入学前に在籍していた学校（高校）の特徴（設置者［私立／公立／国立］、共学／別学、偏差値など）があります。東京大学の地方出身女性は少なく、これらの要素をすべて採用すると、対象が細分化されて分析が困難になることが考えられるため、本章では高校の設置者（公立／私立・国立）のみに着目します。

図表1-3は、各年代、各グループにおける高校設置者の内訳です。1985年以前世代を見ると、東京圏は私立・国立が多く、地方は公立が多くなっています。そして、その差は、女性で大きいことがわかります。1986年以降世代を見ると、東京圏男性の私立・国立の割合が上昇し、結果として、東京圏の男女では公立よりも私立・国立が

図表1-3　各年代、各グループにおける高校の設置者（公立／私立・国立）の比率（%）

		東京圏女性 (N=98)	地方女性 (N=60)	東京圏男性 (N=371)	地方男性 (N=491)
1953～85年生まれ	公立（a）	20.4	70.0	42.0	58.0
	私立・国立（b）	79.6	30.0	58.0	42.0
	(b)－(a)	59.2	−40.0	15.9	−16.1
		東京圏女性 (N=65)	地方女性 (N=57)	東京圏男性 (N=112)	地方男性 (N=142)
1986年以降生まれ	公立（a）	23.1	71.9	21.4	55.6
	私立・国立（b）	76.9	28.1	78.6	44.4
	(b)－(a)	53.8	−43.9	57.1	−11.3

50ポイント以上多くなっています。

他方、地方女性では公立が多い状況が続き、地方男性で私立・国立と公立の差がやや縮んでいます。出身地と性別で分かれた4グループは、その出身高校の設置者に偏りがあることに留意する必要があります。

†親学歴における地方と東京圏の格差

はじめに、東京大学卒業者の両親の学歴から見てみましょう。図表1－4は、4グループそれぞれの父親と母親における大卒・大学院卒者の割合（以下「大卒率」）を年代別に示したものです。1985年以前世代では、父親、母親の大卒率はともに、東京圏女性が最も高く、東京圏男性と地方女性の値が近く、地方男性が4グループで最も低くなっています。特に、母親大卒率については、東京圏女性が際立って高くなっています。

図表 1-4　年代別、父親・母親大卒率のグループ間比較（%）

	父親			母親		
1953～85 年生まれ	東京圏女性(N＝101)	87.1		東京圏女性(N＝100)	56.0	
	地方女性(N＝65)	73.8	*	地方女性(N＝65)	36.9	*
	東京圏男性(N＝364)	73.9	*	東京圏男性(N＝365)	31.2	*
	地方男性(N＝467)	**60.8**	*	地方男性(N＝460)	**23.7**	*
	合計(N＝997)	69.1		合計(N＝990)	30.6	
1986 年以降生まれ	東京圏女性(N＝72)	93.1		東京圏女性(N＝71)	60.6	
	地方女性(N＝61)	**73.8**	*	地方女性(N＝65)	47.7	
	東京圏男性(N＝122)	87.7	*	東京圏男性(N＝120)	52.5	*
	地方男性(N＝151)	**76.8**		地方男性(N＝155)	**39.4**	
	合計(N＝406)	82.5		合計(N＝411)	48.2	

註 1）4 グループ×4 段階でクロス表を作成し、χ2 乗検定を行った。その結果を表中のアスタリスクで示す。
註 2）合計よりも 5 ポイントを上回る項目は網掛、下回る項目は太字で強調した。

１９８６年以降世代では、１９８５年以前世代に比べて、両親大卒率は、全体的に上昇しています（合計の父親大卒率69→83%、合計の母親大卒率31→48%）。そのうえで、各グループの父親大卒率を見ると、東京圏女性はトップのままですが、東京圏男性の父親大卒率が上昇しています。地方男性も上昇してはいますが東京圏には及ばず、結果として、東京圏と地方の間で父親大卒率の格差が明確になっています。

母親大卒率も東京圏が高く、地方が低くなっています。東京圏女性の母親大卒率が他グループに比べて際立って高い状態は残されていますが、父親大卒率と異なり、地方の男女を比べると、地方女性の方が母親大卒率が高くなっています。

これらのことから、かつては東京圏女性のみで両親大卒率が高かったが、現在は、東京圏と地方の格差が広がっていることがわかります。この変化のしかたは、公立と私立・国立の割合の変化と類似しています（図表1－3）。かつて地方では、女性は男性に比べて親の高学歴という資源を享受していました。しかし現在は、東京圏男性における両親大卒率が上がり、地方女性は東京大学全体で見ると両親大卒率が高くない、親の高学歴という資源に恵まれているわけではないといえるでしょう。

女性に限定して、東京圏・地方ごとの高校の設置主体間での親学歴を比較しました（図表は省略）。父親大卒率では、設置者間の差が見られませんが、母親大卒率で、地方の私立・国立出身女性において世代間の違いがみられました。1985年以前世代では地方女性は公立、私立・国立ともに母親大卒率がおよそ35％ですが、1986年以降世代では地方公立42％、地方私立・国立74％と、格差が広がっていました。

このことから、地方女性の場合、1986年以降世代では、高学歴の母親が子どもを私立・国立高校に入れて東大に入学させるというルートが現れたと考えられます。

†フルタイム率が高い地方女性の母親と無就業率が高い東京圏女性の母親

次に高校時代の母親の働き方（就業形態）(8)について見ていきましょう。時代とともに女性の就業率が高まり、母親の就労が子どもに与える影響について、研究が進んでいるから

図表1-5　年代別、母親の就業形態のグループ間比較

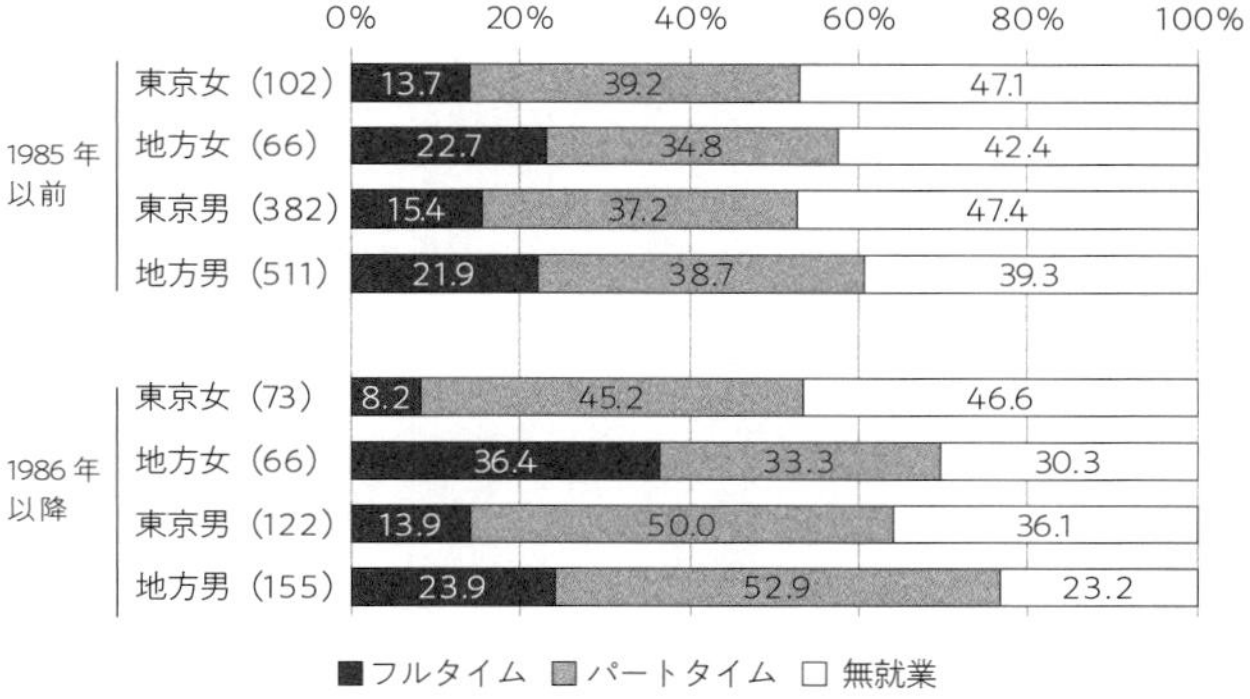

註）（　）内の数字は人数。

です。東大卒業生調査では、回答者が高校生の頃の母親の就業形態を「フルタイム」「パートタイム」「無就業」から選択する形式で尋ねています。

まずは、母親のフルタイム率を見てみましょう（図表1‐5）。1985年以前世代では、東京圏で低く、地方で高くなっています。しかしそこから1986年以降世代への動きが異なり、東京圏男性が微減、地方男性は微増、地方女性は大幅な増加、東京圏女性は減少がみられます。

母親無就業率については、1985年以前世代では、東京圏男女で高く、地方男性で低くなっています。1986年以降世代では、地方男性、東京圏男性、地方女性では母親無業率が減少していますが、東京圏女性ではほぼ変わりません。これらの変化によって、1986年以降世代では、地方女性は最も母親フルタイム率が高く、東京圏女

性は最も母親フルタイム率が低く、母親無就業率が最も高くなっています（母親の就業形態に関して、高校設置者の影響は見られません）。

回答者が高校生の頃ではありませんが、母親の就業形態と深いかかわりのある子ども時代の親の育て方[9]（図表1-6）のうち、「あなたに関して保育所やベビーシッターなどをよく利用した」を見ると、どちらの年代でもほかのグループに比べて、地方女性が「当てはまる」と回答した割合が多く、さらに1986年以降世代では、東京圏女性で他のグループよりも大幅に少なくなっています。

これは、地方女性の母親でフルタイム勤務が多いこと、東京圏女性で無就業率が高くなったことが理由であると考えられます。つまり、東京大学の女性の中でも、東京圏女性は専業主婦である母親の姿を見て育っているのに対し、地方女性は働く母親の姿を見ている、言い換えれば、最も身近な大人の女性の属性が東京圏と地方圏の間で全く異なるのです。

†文化的資源の豊かな東京圏女性とそれを追いかける地方女性

これまで、東大卒女性の中でも、東京圏出身者と地方出身者との間で、親の学歴、母親の働き方に違いがあることを見てきました。親に違いがあれば、子育てについても違いがあるかもしれません。そこで次に、東大卒業者の子ども時代の親の育て方を見てみましょ

図表1-6　親の子育て（%）

～1985年生まれ	保育所やベビーシッターを利用	本の読み聞かせ	博物館や美術館に連れて行く	勉強を教えること	スポーツや習い事をさせる	父親も子育てを担当	保護者と仲が良かった
	***	***	***	***	**	*	**
東京女	8.7	72.8	61.2	42.7	79.6	31.4	78.2
地方女	21.2	63.1	60.6	40.9	60.6	39.4	**71.2**
東京男	11.2	59.8	39.8	35.2	61.0	29.7	82.5
地方男	13.5	53.9	**29.4**	**27.2**	62.1	29.1	86.0
合計	12.7	58.4	38.2	32.4	63.3	30.2	83.1

1986年～生まれ	保育所やベビーシッターを利用	本の読み聞かせ	博物館や美術館に連れて行く	勉強を教えること	スポーツや習い事をさせる	父親も子育てを担当	保護者と仲が良かった
	**	**	***	*	n.s.	n.s.	n.s.
東京女	**10.8**	87.5	68.9	55.4	81.1	37.0	82.4
地方女	36.4	95.4	52.3	40.9	83.3	32.3	78.8
東京男	18.5	81.3	63.2	48.0	82.4	33.9	83.2
地方男	24.5	**77.4**	**48.4**	**35.9**	75.2	40.0	83.4
合計	22.2	83.1	57.0	43.7	79.6	36.5	82.5

註1）4グループ×4段階でクロス表を作成し、$\chi 2$乗検定を行った。その結果を表中のアスタリスクで示す。紙幅の都合により、本章では「やや当てはまる」「とても当てはまる」の合計を「当てはまる」と回答した割合として示す。以降の表も同様。
註2）有意差がある項目において、合計よりも5ポイントを上回る項目は網掛、下回る項目は太字で強調した。

う。

保護者の子育てに関する以下の項目「あなたに本の読み聞かせをした（以下、読み聞かせ）」「あなたを博物館や美術館に連れて行くことが多かった（以下、博物館・美術館）」「あなたに勉強を教えることが多かった（以下、勉強を教える）」「あなたにスポーツや習い事をさせることが多かった（以下、スポーツ・習い事）」における4グループの違いを図表1-6に示しました。

実際のところ、これらはすべて東京圏女性で、いずれの年代も「当てはまる」と回答した割合が高くなっています。そのうえで、地方女性を見てみると、1985年以前世代では、地方女性は「博物館・美術館」が東京圏女性と同程度に「当てはまる」と回答した割合が高く、「勉強を教える」も同程度に高くなっています。しかし、1986年以降世代では、「博物館・美術館」「勉強を教える」で東京圏女性との差が広がり、そのかわり、「読み聞かせ」で東京圏女性以上に「当てはまる」と回答した割合が高くなっています。地方女性の子ども時代の親の子育てが、お金がかからないもの、親の学歴に依存しないものへ移っているといえるでしょう。

高校の設置主体に着目すると（図表は省略）、「スポーツ・習い事」は、1985年以前世代では東京圏・地方圏ともに、公立と私立・国立の間で違いがありません（地方公立62％、地方私立・国立60％、東京圏公立、私立・国立ともに80％）。一方、1986年以降世代では公立よりも私立・国立で「当てはまる」の割合が多くなっています（地方公立73％、地方私立・国立94％、東京圏公立71％、東京圏私立・国立90％、地方、東京圏ともに5％水準で有意）。

教育投資の中でも「スポーツ・習い事」については、子どもを私立・国立高校に進学させる（進学させることができる）家庭ほど過熱している状況があり、東京圏でも地方でも資源に恵まれている者と恵まれていない者との分断が見られます。

教育社会学者の本田由紀は、マイノリティである女性が東京大学に入学するには、学業成績以外に文化的資源による後押しが必要であることを指摘しています。(10) 4グループの分析から、それは東京圏女性において顕著であり、地方女性は地方の中では男性と比べてやや豊かではあるものの、東大卒女性全体で見ると、それほど恵まれているわけではないということがわかりました。また、地方女性の中でも格差が生じていることも示されました。

†地方女性の親子関係

親子関係についても見てみましょう(図表1-6)。「父親も子育てを積極的に担当していた」は、地方女性は1985年以前世代では、「当てはまる」と回答した割合が高くなっています。しかし、「あなたと保護者は仲が良かった」では1985年以前世代の地方女性は他の3グループに比べて際立って低く、1986年以降世代ではその差が縮まっているもののその傾向は残っています。

1985年以前は、地方女性にとって、父親が子育てに関わっていることが重要であったことがわかります。これは、父親が子育てに関わることで精神的な安定性が得られたということかもしれませんし、(11) 家庭内で比較的高学歴である父親が子育てに関わることにより、ロールモデルに近い役割を果たしたからかもしれません。

一方で、親子の仲は良かったわけではなく、有意差が消失しているものの、その傾向は1986年以降も続いています。地方女性にとっては、小学生まではいえ、親子関係が良好ではないことが東大進学に何かしら影響を与えているようです。地方の親が子どもに、地元に残ってほしい、浪人はやめて欲しいと求めることは、進路選択に影響を与えることが知られています。子どものチャレンジ精神を阻む親の願望に立ち向かって自分の意思を通すために、地方女性には「親との仲の良くなさ」が重要なのかもしれません。

†読書量の多い地方女性、海外経験がダントツに多い東京圏女性

小学校までの親の子育てだけではなく、大学進学の時期が近づいた高校時代の経験(12)を見ていきましょう（図表1-7）。1985年以前世代では「多くの本を読んでいた」は、地方女性、東京圏女性の両方で多く（「やや当てはまる」と「とても当てはまる」の合計、地方女性83%、東京圏女性90%）、女性に共通した特徴といえます。1986年以降世代では、地方女性が際立って高く、地方女性の特徴といえるでしょう。

「1年以上の海外生活」は、各年代で東京圏女性が突出して高くなっています。これは東京圏女性の特徴の一つといえるでしょう。地方女性は、経済的豊かさにそれほど左右され

図表 1-7　高校時代の経験（%）

~1985 年生まれ	多くの本を読んでいた ***	学校の課外活動 *	1 年以上の海外生活 ***	友だちが多かった +	異性と交際した *
東京女	90.3	59.2	26.2	51.5	24.5
地方女	83.3	**47.0**	6.1	36.4	37.9
東京男	68.8	61.8	8.1	53.4	21.3
地方男	67.4	59.1	4.5	54.0	25.7
合計	71.1	59.3	8.0	52.4	24.8

1986 年~生まれ	多くの本を読んでいた **	学校の課外活動 n.s.	1 年以上の海外生活 *	友だちが多かった n.s.	異性と交際した n.s.
東京女	71.6	71.6	21.6	39.7	16.4
地方女	80.3	74.2	13.6	34.8	40.0
東京男	**60.0**	68.5	16.0	40.3	25.2
地方男	**59.9**	66.2	**5.7**	45.2	32.7
合計	65.2	69.1	12.8	41.2	28.8

註 1）「やや当てはまる」と「とても当てはまる」の合計を示す。
註 2）有意差がある項目について、合計よりも 5 ポイントを上回る項目は網掛、下回る項目は太字で強調した。

ない読書量が重要である一方で、東京女性は海外経験という豊かな資源を持っていることがわかります。

†友だちは多くないが交際経験のある地方女性

高校時代の経験のうち「友だちが多かった」については、1985年以前世代で「当てはまる」と回答した割合は、ほかの3グループが過半数を超えているのに対して、地方女性では36%と少なくなっています。1986年以降世代でも、有意差はないものの、他のグループよりも少ない傾向が続いています。

出身高校の設置主体間で比較すると（図表は省略）、1985年以前世代では、地方において、私立・国立で肯定的な意見が東京圏女性と同じ水準まで増えていました（地方・私立国立55％、地方・公立23％）。友だちが多くないことは、公立高校出身の地方女性の特徴といえるでしょう。地方であっても、私立や国立の高校であれば、仲間を作って東京大学を目指すことができるかもしれませんが、地方公立高校の女性は、孤独な状態で進路を決定し、受験勉強を頑張っている様子がうかがえます。

「異性と交際した経験があった（異性と交際した）」については、1985年以前世代では、地方女性が3グループより多く、1986年以降世代では有意差はないものの、他のグループよりも多く、地方の特徴であるといえそうです。[13] 交際相手が地方女性の東大進学のキーパーソンになっている可能性も考えられますが、今回のデータからは明らかな理由は導き出せません。この点を明確にするためには、さらなる調査が必要でしょう。

†誰に東大進学を勧められたか

最後に、東大に入学した理由について、誰に勧められたかに着目して見てみましょう（図表1‐8）。「家族や親族に勧められたから（家族や親族）」について、1985年以前世代では、「当てはまる」と回答した者は東京圏で多く、地方では少なくなっています。特に東京圏女性が高い傾向にあります。1986年以降世代でも、東京圏が地方よりも高い

図表1-8　東京大学に進学した理由（%）

～1985年生まれ	家族や親族 *	高校の教員 **	塾や予備校 *	先輩や同級生 ***	親族にOBOG ***
東京女	44.1	**32.0**	15.7	45.6	37.9
地方女	31.8	48.5	11.1	**33.8**	**12.1**
東京男	39.2	**32.1**	17.2	58.6	23.6
地方男	31.4	41.4	10.4	43.9	**12.2**
合計	35.5	37.6	13.5	48.8	18.8

1986年～生まれ	家族や親族 n.s.	高校の教員 ***	塾や予備校 n.s.	先輩や同級生 n.s.	親族にOBOG ***
東京女	40.5	**28.4**	31.5	43.2	24.3
地方女	31.8	65.2	25.0	50.0	9.1
東京男	39.2	**35.2**	25.4	56.0	20.0
地方男	31.8	59.2	24.7	46.5	**5.1**
合計	35.5	47.6	26.2	49.3	13.5

註1）「やや当てはまる」と「とても当てはまる」の合計を示す。
註2）有意差がある項目について、合計よりも5ポイントを上回る項目は網掛、下回る項目は太字で強調した。

傾向は残っています（この項目に関しては、第二章において親学歴などを加えた詳しい分析を行っています。併せてご参照ください）。

「家族や親族に東京大学の出身者がいたから（親族にOBOG）」も、両年代を通して、東京圏が地方よりも高い傾向にあります。特に東京圏女性は「当てはまる」の割合が高く、1986年以降世代では地方と東京圏の差が広がっています。

「高校の先輩や同級生が東大に進学していたから（先輩や同級生）」は東京圏男性において、両年代を通して特に多い項目です。1985年以前世代では、東京圏男性が最も高く、東京圏女性、地方男性が同程度、地方女性が最も低くなっています。一方、有意差はなくなっていますが、１９８６年以降世代でも、東京圏男性が最も高くなっています。

　東京圏では、身近に東大進学を勧めてくれる人がいる、親族に東大出身者がいる、特に東京圏男性は高校の先輩や同級生に東大進学者がいた、という形で社会関係資本に恵まれています。これに対して地方にはそれがないという格差が生じていることがわかります。

「高校の教員に勧められたから（高校の教員）」は、東京圏よりも地方で「当てはまる」と回答した割合が多い項目です。１９８５年以前世代では、地方女性が最も多く、地方男性がそれに続き、東京圏男性と東京圏女性が同程度に少なくなっています。１９８６年以降世代では、地方で大幅に増加しており、結果として、東京と地方の差が広がっています。特に地方女性は「とても当てはまる」と回答した割合が４グループ中最大に、東京圏女性が最小になっています（東京圏女性24％、地方女性56％）。

　地方女性は、東京圏男性のように、東大を目指す同級生のつながりや東大に進学した先輩の知り合いがおらず、東京圏女性のように、家族や親族に東大を勧める人や東大に進学した親類もいない傾向にあります。そのため、高校の教員が東京大学進学のキーパーソンになっていることがわかります。

†地方女性の特徴

これまでのアンケート結果の分析から、東京大学に入学・卒業した地方出身女性の特徴をまとめましょう。

一つ目は、親の学歴です。父親大卒率を見ると、1985年以前世代では、地方女性の父親大卒率は、地方男性よりも高いですが、1986年以降世代では、地方女性と地方男性の差はなくなり、東京圏・地方の差が残っています。また、地方女性の母親大卒率は地方男性よりも高く、東京圏女性より低くなっています。かつては地方からも、親学歴の後押しがある女性が東京大学に進学していました。しかし現在は、東京圏／地方の格差が大きくなり、必ずしも地方の女性が家庭背景に恵まれているわけではないといえます。一方で、高校の設置者（公立／私立・国立）に着目すると、私立・国立で母親大卒率が高く、地方の中で高学歴の母親が子どもを私立・国立の高校に入れて東京大学に送り込むという傾向があると考えられます。

二つ目は母親が働いているかどうかです。地方女性の母親はフルタイム就業率がほかのグループよりも高く、無就業率が低いのが特徴です。子ども時代に、親が保育所やベビーシッターを利用していた経験の差はこの結果に反映されています。地方女性は、ほかのどのグループよりも「働く母親」に身近に接していたといえます。

三つ目は小学校までの親の子育てです。地方女性は、1986年以降世代は「読み聞かせ」が多く、地方女性における親の教育投資が少なくなってきているといえます。また、地方女性では、私立・国立出身者は、公立出身者よりも多く「スポーツ・習い事」を経験していることが明らかにされました。地方では豊かな家庭ほど、教育投資が多いという「体験格差」が生じているといえるでしょう。

四つ目は高校時代の経験です。地方女性は読書量が多く、勤勉さをうかがうことができます。また、1985年以前世代は、友だちが多くはないが、一方で異性との交際の経験があるという特徴があります。異性の交際と東大進学の関係については明らかではありません。しかし友だちが多くないことについては、子ども時代、親と仲が良いと思っていなかったという結果と併せて、周囲からの「東大進学は無理」という雰囲気から身を守るのに「役立っていた」のかもしれません。

五つ目は、東大進学を勧めてくれた人です。東京圏出身の卒業生と比較すると、東京圏女性のような家族や親類の勧めや、身近な家族・親類に東京大学出身者がいること、東京圏男性のような高校の先輩や同級生に東京大学進学者がいるというつながりがみられず、高校の教員が東大進学を勧めるキーパーソンになっていることがわかりました。

†地方女性の困難

　これまで、アンケート調査の結果から、地方女性の特徴を明らかにしていきました。ところで、東大卒業生調査には自由記述欄が設けられています（設問「東大の卒業生としてのご経験や、東京大学が改善してゆくべき事柄について、あなたのお考えを自由にお書きください」）。寄せられた自由記述から、地方女性の特徴について見ていきましょう（引用は原文ママ）。

　いくつかの回答では、地方女性の困難についての記述が見られました。彼女たちは、自分たちと、首都圏中高一貫校出身者との違いを身に染みて感じているようです。

　東大生には大きく2種類いました。1つは首都圏出身で中高一貫私立出身の人たち。彼らは、親が大企業につとめていて、小さい頃から教育や文化資本に恵まれ、卒業後には有名企業や高収入の仕事に就くことを最初から計画しているようでした。一方、もう1種類は地方出身でなんとなく東大に入った人たち。私は後者で、ただ勉強が好きだったので面白い人たちに出会えるかなと思って東大に入った。（…）実際はまったく違い、勉強だけしてきた男子校出身者が多数。そしてなにより、地方出身者と、首都圏中高一貫出身者のあいだには大きな分断があり、交わることがなかった。彼らの方が、地方出身とは付き合うメリットがないと区別していたの

だと思う。大学時に交際した人も、仲良くなった人も、みな、地方の県立高出身者だった。（地方女性Aさん）

地方出身者でかつ、女子であるという学内でのマイノリティとしては、首都圏や大都市圏出身で学内外での繋がりも広く優秀な周囲の学生についていくのはとても大変でした。東京大学を出て10年以上経ちますが、今なお東京圏中心の男子学生が多いのは、私のような背景を持つ学生へのケアやフォローが不十分または周知されていないことも一因ではないでしょうか。学生自身の奮起を促すのも大事ですが、東京大学がより多様な背景（出身地、経済状況）の学生を育てられる大学であってほしいと思います。（地方女性Bさん）

Aさんは、首都圏出身者と地方出身者で経済的・文化的な豊かさや、入学時点の将来設計で違いを感じているようです。また、東京大学に入学しても多数派である「男子校出身者」「首都圏中高一貫校出身者」との間に分断を感じていることがうかがえます。

Bさんもまた、「首都圏や大都市圏出身」者と比べて、自身が「地方出身者でかつ、女子であるという」東京大学の少数派であると感じています。また、「東京圏中心の男子学生」が多数派であり続けている理由として、地方女性へのケアやフォローが不十分であるという指摘をしています。

こうした、中高一貫校出身者との対比として現れる地方女性の困難の背景は、親の学歴、文化的資源の少なさ、周囲に東大出身者の少ないこと（東京大学進学を勧める親族や東大に進学した先輩・同級生が周囲にいないこと）による情報の不足など、前述した地方女性の特徴に由来するといえます。

当事者ではない東京圏男性・女性からは、次のような意見が出ています。

自分の経験のみからのきわめて主観的な考えですが、私の友人の東大男子たちほど東大女子に対してリスペクトをもって接してくれた集団はなかったように感じます。その関係は現在までずっと続いています。(…) 大学として、女子差別をなくそうという取り組みはよいのですが、もうそろそろ女子男子の区別なく、差別をなくそうで良いのではと感じます。（東京圏女性Cさん）

女子学生の間で東京出身者と地方出身者の置かれている立場の差を、卒後十年以上経ってやっと自覚しました。恥ずかしながら自分が恵まれている方であることをやっと知りました。男子学生も地方出身の女子学生へのあたりが強い場合があり改善できればいいのにと思います。例えば、化粧をしていなかった時、東京出身の私は「俺は○○さんに男扱いされていないから化粧をしてもらえないんだ」と言われていましたが、地方出身の友人は「女のくせに化粧くらいしろ」と言われていました。（東京圏女性Dさん）

わたしは東京で生まれ育ちましたが、旅先の○○（ある地方都市）で「高3のお嬢さんはつぎは大学に？」「いえ、女の子だから短大へ」「そうですよねー」という会話を聞いて驚いたことを忘れられません。20年くらい前のことですが、自分がその土地に生まれていたら、果たして大学に進学するガッツがあるだろうか？　と何度も思いました。（東京圏女性Eさん）

ほんの数年前、ゼミで一緒だった女性東大生から、地方の女性中高生を取り巻く厳しい現状を聞きました。「女は短大でよい」「大学は地元国立のみ、上京不可」などと家族や周囲に言われる中、高成績を叩き出して抵抗を続け、半ば喧嘩別れのような形で実家を飛び出してきた女性東大生が少なくないそうです。（…）当然、みんな実家とは気まずい関係だそうです。（東京圏男性Fさん）

東京圏出身の女性であるCさんは、自身の経験から、東京大学の男性学生は女性学生を

「リスペクト」していた、それゆえに差別解消の取り組みにおいて性別を重視する必要はないと述べています。しかし、Dさんが指摘しているように、東京大学では、男性学生の地方女性への差別があることや、たとえ同性であったとしても地方女性の困難を知り、理解するのは難しいことがわかります。そして、地方女性の困難を理解するためには、自分が同じ立場だったらどうだろうという想像力（Eさん）や自分とは異なる属性（性別や出身地）の人と接する機会（Fさん）が必要です。Fさんが聞いた話は、親との仲の良くなさが、東大進学に必要だった一例ともいえるでしょう。

他方、在学中に女性とコミュニケーションを取る機会がなかったため、女性支援に反発さえ覚えたという意見がありました。

東大のジェンダー関連の問題ならびに政策について、正直に言って不満に感じることが多くあった。というのも、恐らく大多数の東大男性もそうであるように、私は自分と異なる境遇（女性、貧困者、非大卒等）に対する想像力が不足したまま大学に進学したために、少数者の生きづらさや彼女らへの積極的支援の必要性を過少に見積もっていたからである。そして、恐らく不幸なことであろうが、私はジェンダー平等について納得がいかぬまま大学を卒業してしまった。納得するどころか、大学が女性への支援を主張するたびに、それに対する反発心が私の中で芽生えてしまった結果となった。もし私が大学生活の中で一人でも女性と懇意になる機会があったならばここまで歪んだ考えを持っていなかったかもしれないと思うと残念でならない。

（東京圏男性Gさん）

Gさんは、困難を抱えた少数派に対する想像力の欠如を大学時代に是正できなかった原因として、女性とのコミュニケーションがなかったことを挙げています。彼自身が現在どのような考え方を持っているかはわかりませんが、内省的で鋭い指摘です。

もし、多数派である東京圏男性が、他の属性の学生——特に地方出身の女性——とコミュニケーションをとり、互いを理解し合う経験をせずに卒業することがあれば、それは非常に「不幸」、あるいは貴重な機会を逸した、もったいないことであるといえるでしょう。

✝女性が少ないことや地方学生が少ないことへの問題意識

次に、同じく自由記述から、東京大学の卒業生は、地方出身者、特に女性が少ないことをどのように考えているのか、対策の必要性についてどのように考えているのかを見ていきましょう。女性比率が少ないことについては、以下のように重要な課題だと思っている人がいました。「早急」に「迅速」に対応すべきという意見も見られます。

学部生における女性の割合が20％程度であること、教授・准教授に占める割合が少ないことは、特に若年の女子学生における大学生活の過ごしにくさや、将来のロールモデルを抱くことの困難さにつながるため、早急の対応が必要だと感じました。（東京圏女性Hさん）

女性学生の少なさの改善、さらなる迅速な対応を期待します。（東京圏女性Iさん）

具体的な解決案は分かりませんが、学生・教員ともに、あまりにも男女比がアンバランス（女子が少なすぎる）ことは是正すべきだと思います。（地方男性Jさん、原文ママ）

一方で、女性を増やすことを含めた多様性の問題は重要ではないという回答も少数ですが見られました。

格差是正やジェンダーレスとか叫ぶ前に、モチベーションを上げていかに喜びをもって働くかという工夫をすべきではないか。（地方男性Kさん）

ダイバーシティなどを追及するよりも、官僚養成校の側面をもっと強く打ち出し、学生のうちに国のためになることの洗脳をもっと強めた方が日本の国力を考えると良いと思います。国に余力ができてから、ダイバーシティを追及するでも遅くはないはずです。（地方男性Lさん、原文ママ）

KさんやLさんは、研究生産性を上げるために、研究者のモチベーションを高めることや、優秀な学生を官僚として育成することが重要であり、男女平等、多様性の実現はそれとは両立しえず、優先順位が低いと考えています。しかし、多様性が生産性を高めるという調査もあり、(14) 生産性と多様性をゼロサムゲームで考えるのは正しいとはいえないでしょう。

東大卒業生は不利の是正についてどのように考えているのか、さらに深く追求するために、大学入試の女性枠、教員公募における女性限定公募などの、アファーマティブ・アクション（積極的格差是正措置）に対する意見を見ていきましょう。

大学入試におけるアファーマティブ・アクションについては、2022年に文部科学省が大学入学者選抜実施要項の中で「多様な背景を持った者を対象とする選抜」の工夫を奨励し、その例として「理工系学部における女子」と言及したことが追い風となり、23年度入試以降、理工系学部を中心に次々と女子枠が導入されました。こうした中「東京大学で女子枠が採用されるか否か」に注目が集まりました。社会のトップに立つ人材を多く輩出している東京大学の卒業生が女子枠をどう考えているかは、女性活躍政策において重要な意味を持つと考えられます。

アファーマティブ・アクションに対する意見は、東京圏男性では自由記述411件中、賛成意見が2件、反対意見が7件、地方男性では自由記述470件中、賛成意見が6件、反対意見が0件でした。一方、女性を見ると、東京圏女性では自由記述107件中、賛成意見は1件、反対（に近い）意見は3件、地方女性では自由記述92件中、賛成意見2件、反対意見は0件でした。[15] 全自由記述におけるアファーマティブ・アクションに言及した意見の割合は低く、今後、東京大学におけるアファーマティブ・アクションの賛否について明らかにするのであれば、あらためて調査を設計する必要があるでしょう。しかし、参考資料として、自由記述から4グループの考え方の違いを見ることは可能です。

たとえば、アファーマティブ・アクションに対する反対意見には以下のようなものがありました。

アファーマティブ・アクションという大義名分の下に行なわれる男性差別を廃止するべき。

（東京圏男性Mさん）

ポリティカル・コレクトネスへの過度な傾斜に進まないことを願う。女子学生比率・女性教員比率を高めるための意図的な入学制度の改革や教員募集（女性限定公募など）といったことは結局は「差別」である。あくまでも公平・公正に徹した方向に進んでほしい。（東京圏男性Nさん）

外から眺めている最近の気になる点としては、学生増や教員増を目指した女性優遇施策について、むしろ男女不平等であると感じます。何かしらの深い考えがあって男女不平等な施策なのかもしれませんが、その深い考えは見えてきてはおらず、妥当性を理解できません。（東京圏男性Oさん）

女性研究者・教員を増やす取り組みがあるが、人数だけで質のともなわない増員はかえって女性のプロフェッショナルの評価を下げるので、能力重視の採用をしてほしい。（東京圏女性Pさん）

賛成意見としては以下のようなものがありました。

女子学生の比率を増やすこと、地方出身の学生を増やすことを心掛けてほしい。そのために特別な入学枠を設けてもいいと思います。現行の推薦入試制度がその一助となっているとは思いますが、もっと大胆な推進策を講じてもらいたい。（東京圏男性Qさん）

女性の割合を早く増やしてほしい。アファーマティブ・アクションを実施するのに加え、男性側からの理解が得られるように、不平等である現状やアファーマティブ・アクションの必要性を教育してほしい。（地方女性Rさん）

依然として構成員の多様性が小さいため、入学試験における女性・マイノリティ枠の導入など、より積極的な差別是正措置を取るべきではないかと思います。（地方男性Sさん）

アンケートから、東京圏出身の卒業生は、東京大学進学に関して、居住地という側面だけではなく文化的経験やネットワークという点からも恵まれていることを示しました（さらに男性は、東京大学の多数派という点でも恵まれています）。それにもかかわらず、不利な状況にある女性を増やす政策に抵抗がある様子が示唆されます。

†まとめと提言

最後に、東京大学に地方出身の女性を増やすにはどうしたらよいのか、考えてみましょう。こうした問題には、さまざまな人や組織が関わっています。再三申し上げている「東京大学に地方出身の女性が少ない」という問題であれば、当事者である高校生、その家族、住んでいる地域、学校、東京大学、メディア、地方の女子高校生を支援するＮＰＯなどが想定できるでしょう。

そして、その問題に取り組むにあたり、それぞれの個人・組織にできること／できないことがある、ということに注意が必要です。ここでは、主に大学でできることとして、５つの提言を挙げましょう。

提言①――女性・地方出身者は一様ではないことを理解する

これまでの分析から、「女性」や「地方出身者」がそれぞれ均質的な特徴を持ったグループではないことが明らかになりました。例えば、東京大学の女性は、大学内でマイノリティの立場にありますが、地方出身者と東京圏出身者に分けてみると、両親大卒率や母親のフルタイム就業率・無就業率に大きな違いがありました。

地方出身者は男女共通して、高校の教員に東京大学進学を勧められる割合が高いですが、子ども時代に親が行っていた文化資本への投資の度合いや高校時代の読書量、友だちの多さなどに違いがみられました。地方女性の中でさえ、高校が公立か、私立・国立かによる違いも確認されています。今後、地方出身女性を増やすための施策を講じるのであれば、大前提として、こうした各集団内の違いを理解する必要があるでしょう。

提言②――東京大学に関する偏りない情報を提供する

地方女性には、東京圏女性のような親類、東京圏男性のような同級生のネットワークが乏しいため、情報格差をなくしていく努力が必要であると考えられます。ウェブサイト等のメディアから情報を得ることは可能ですが、誤った情報や偏った情報もあるため、注意が必要です(16)。

また、東京大学が発信する公式の情報を得たとしても、それと身近な人や親しい人から直接得られる情報とでは、内容も受け止める側の意識も異なるものでしょう。もちろん、地方の女子高校生が突然、東大出身の親類や東大に進学した高校の先輩を得ることはできません。東京大学では現在、女子中高生のための東京大学説明会や在学女性学生による高校訪問などの女子中高生を主なターゲットにした進学促進事業を行っています。これらは地方女性が情報を得るための重要な機会になるでしょう。

提言③――女子高校生が東京大学への入学を希望することについて、教員の理解を促す

高校の教員が地方女性の進学において重要な存在であることが、今回の分析から明らかになりました。高校の教員は、生徒の進路指導――特にトップ大学を目指せる女子生徒への――における自身の重要性について自覚を持つ必要があるでしょう。前掲書『なぜ地方女子は東大を目指さないのか』でも、反対する家族を高校教員が説得することによって東大進学がかなった地方女性のエピソードが紹介されています(17)。

逆に言えば、高校教員の勧めやサポートがなかったため、東京大学進学がかなわなかったり、東大に進学するという選択肢を知ることさえなかったりする女性が地方には多く存在する可能性が示唆されます。提言②で示したような事業によって、生徒だけではなく、高校の教員にもアプローチをする必要があるでしょう。

提言④――地方女性に特化した支援とその周知

親との「仲の良くなさ」や友だちが多いと思わない傾向は、1986年以降生まれの層

ではその傾向が薄れているものの、地方女性の特徴でした。地方において女性が男性に比べて教育投資を注がれ、文化資本を蓄積したとしても、地元志向や浪人回避から解放されるためには、親からの精神的自立が必要であることをうかがうことができます。

冒頭でも触れたように東京大学は、女性学生を対象とした家賃補助事業や奨学金事業を行っています。このような女性を対象とした支援事業は、親を説得するための材料になるでしょう。また、1985年以前世代に見られた友だちが多いと思わない傾向は、東大進学のためには、周囲の同調圧力からの反発心が必要だったことの現れかもしれません。（特に公立高校の）地方女性は、東京圏男性とは異なり、東京大学を目指す仲間が身近にいないことが予想されます。そのため、東京大学を目指す地方の女性同士のネットワークを作る支援も有効でしょう。

提言⑤——女性の入学促進のための支援を行うことの重要性について学内者の理解を得る

上記の支援を持続的に行うためには、「東京大学は女性学生を増やすための施策をとる必要がある」ということについて、学内者——特に東京大学のマジョリティである東京圏出身男性——から支持を得る必要があります。

自由記述欄から、東京大学における多数派の東京圏出身者には、現在の偏った性別比を解消するためのアファーマティブ・アクションを「男女不平等」「差別」と考える人がいることが明らかになりました。アファーマティブ・アクションは極端な例ですが、既存の女性支援策についても、同様の反発は実際に起こっています[18]。

そして、自由記述から、こうした地方女性の困難を理解するためには、出身に関わる属性が異なる者同士（例えば地方女性と東京圏男性）がコミュニケーションをとっていく必要があるものの、彼／彼女らの間には分断があり、それができていない現状をうかがい知ることができました。東京大学教員のマジョリティが男性[19]、東京大学出身者である[20]ことが指摘されています。持続的に地方女性の割合を増やしてくために、東京大学に地方女性が少ない問題を、東京大学学生のマジョリティである東京圏男性が理解できるように啓発活動を行うことは、直接的な女性支援策とは別のアプローチとして重要といえるでしょう[21]。

本章は「地方の優秀な女子高校生はすべて東大を目指すべきだ」と主張したいわけではありません。東大に進学することで飛躍できる可能性のある人、やる気のある人に然るべき選択肢を提示し、もし何らかの困りごとがあればそれをフォローする支援をして、十分にプッシュしていくべきであり、東大進学はそのひとつである、そして現在、地方の女子高校生にはそうしたフォローやプッシュが必要である、ということです。その足掛かりとして、東京大学出身の地方女性の特徴を見てきました。

東京大学に地方女性を増やす取り組みは、これまで進路について何らかの制限を設けられていた地方の女子高校生たちが——彼女たちが東大志望でなかったとしても——飛躍することができる社会を作る一翼を担うと考えられます。そして、東京大学を含めた日本のトップ大学に地方出身の女性が増えることによって、冒頭でもお伝えしたように、日本のトップ層が多様化し、男性中心主義、東京中心主義である日本の社会構造を変えていくことにつながるでしょう。

もちろん、地方出身女性が入学したあと、東京大学は、彼女たちがのびのびと学び、活躍できる環境を提供しなければいけないということは言うまでもありません。しかし、自由記述では、入学後に苦労した地方出身女性の声がありました。第二章では、さまざまな背景を持った若者が東京大学に入学したあと、どのような大学生活を送っているのか、「性別」や「出身地」とは異なる多様性のファクターである「大学第一世代」という視点から見ていきましょう。

註

（1）東京大学ウェブサイト「入学者数・志願者数」より。2024年4月1日現在、入学者総数3126人のうち、女性は646人であった（https://www.u-tokyo.ac.jp/ja/about/overview/e08_01.html［2024年8月22日取得］）。

（2）矢口祐人『なぜ東大は男だらけなのか』集英社新書、2024年、102〜103頁。

（3）東京大学『大学案内2025』50頁。

（4）東京大学女子卒業生の会さつき会編『東大卒の女性――ライフ・リポート』三省堂、1989年。大下英治『女たちの東京大学――仕事、恋、人生：才媛たちの挑戦』PHP研究所、1993年。樋田敦子『東大を出たあの子は幸せになったのか――「頭のいい女子」のその後を追った』大和書房、2018年。おおたとしまさ『ルポ東大女子』幻冬舎新書、2018年。秋山千佳『東大女子という生き方』文春新書、2022年など。

（5）東京大学ホームページ「学生生活実態調査」（https://www.u-tokyo.ac.jp/ja/students/edu-data/h05.html［2024年12月20日取得］）。

（6）東京大学女子卒業生の会さつき会編『東大卒の女性――ライフ・リポート』三省堂、1989年。

（7）さつき会60周年記念企画「東大女性の実態調査〜キャリア・生活・意識〜」2023年5月30日（https://www.satsuki-kai.net/survey/［2024年12月20日取得］）。

（8）質問文は「あなたが高校生の頃、あなたのお母様は仕事をしていましたか」。選択肢は「フルタイムで働いていた」「パートタイム（家族従業者、フリーランスなどを含む）で働いていた」「働いていなかった」「母はいない」の4つ。

（9）質問文「あなたが子どもの頃（小学校の頃まで）、あなたに対する保護者の子育てのあり方として、以下のことはどれほど当てはまりますか」で、子ども時代の保護者の子育てについて尋ねている。選択肢は「とても当てはまる」「やや当てはまる」「あまり当てはまらない」「まったく当てはまらない」の4つ。

(10) 本田由紀「「東大卒」を解剖する――メリトクラシーとジェンダーギャップの錯綜」『世界』第971号、2023年7月、52〜62頁。
(11) 父親の子育て参加が子どもの情緒に与える影響についてはBögels, Susan & Phares, Vicky "Fathers' role in the etiology, prevention and treatment of chil anxiety: a review and new model" *Clinical Psychology Review* 28: 539-558 (2008) などを参照。
(12) 質問文は「高校までのあなたについて、以下のことはどれくらい当てはまりますか」。選択肢は「とても当てはまる」「やや当てはまる」「あまり当てはまらない」「まったく当てはまらない」の4つ。
(13) この項目は、異性愛を前提としている点で問題があります。今後、調査を継続するのであれば、修正する必要があるでしょう。
(14) 多様性が生産性に与える影響については、『令和元年度年次経済財政報告』第2章3節1項「多様な人材の活躍は生産性等を向上させるか」(https://www5.cao.go.jp/j-j/wp/wp-je19/pdf/p02031.pdf［2024年12月20日取得］)、山口晃「女性役員比率の労働生産性へ与える効果及びイノベーション実現との関係」科学技術・学術政策研究所『DISCUSSION PAPER』第217号、2023年(https://nistep.repo.nii.ac.jp/record/6819/files/NISTEP-DP-217-FullJ.pdf［2024年12月20日］)などを参照。
(15) 東京圏女性の3件のコメントは、どれも直接「アファーマティブ・アクション」や「女子枠」に反対するのではなく、Pさんのように、数を増やすより能力を重視せよ、という主張をすることでアファーマティブ・アクションを暗に否定していました。
(16) 東京大学薬学部教授の後藤由季子は、地方学生が東大進学を躊躇する要因の一つとして、イメージの偏りを挙げています。「とくに地方在住の中高生に顕著なのですが、東大のイメージに偏りがあるのが阻害要因の一つです。例えば、「東大生は天才で変人の集団、雲の上の存在で普通じゃない」みたいな。実際は、そんな学生はごく一部です。ほとんどの学生は、いたって常識的な人たちですよ」(朝日新聞 Think キャンパス、2024年1月15日付記事「東京大学の女性学生がキャンパスライフの魅力を発信、安全・安心な

「東京一人暮らし」を全力支援――男女共同参画室の取り組みとは」https://www.asahi.com/thinkcampus/pr_utokyo_1/［2024年12月20日取得］）。さらに、江森百花・川崎莉音はメディアが極端な東大生のステレオタイプを流すことの問題を指摘しています。「そういった〔注：東京大学学生の極端な〕ステレオタイプは、（…）社会全体に定着することで、誰かの選択肢を奪うことにつながりかねないということをコンテンツ制作に携わる人間は認識すべきではないでしょうか」（『なぜ地方女子は東大を目指さないのか』光文社新書、2024年、106頁）。

(17) 江森百花・川崎莉音、前掲書、175頁。

(18) 例えば、東京大学の女子学生に対する家賃補助に関する議論と、この制度の妥当性については、一橋大学社会学部佐藤文香ゼミ生一同『ジェンダーについて大学生が真剣に考えてみた――あなたがあなたらしくいられるための29問』（明石書店、2019年）が詳しい。

(19) 東京大学の教授・准教授における女性比率は13・5％（男性2018人、女性314人）である（令和6年5月1日現在の東京大学教職員数［https://www.u-tokyo.ac.jp/ja/about/overview/b02_03.html］より）。

(20) 東大新聞オンライン、2020年6月2日付記事「高い教員自給率の弊害　東大外の人材導入で自由な研究を」（https://www.todaishimbun.org/teacherselfsufficiencyrate20200602/［2024年12月20日取得］）。

(21) 本章と、趣旨がずれますが、東京大学教員における男性比率の高さやアカデミック・インブリーディング（大学人事において、自校出身者を優先する慣行）は、多様性の観点から好ましいことではないという議論があります（註20参照）。こうした大学教員の属性に関する偏りを解消し、それによって、学生の多様化が進むことが理想であることは言うまでもありません。

第二章

東大生の学生生活

――「大学第一世代」であるとはどういうことか

近藤千洋

従来の教育格差論は、主に子どもがエリート大学に合格するまでの機会の格差を問題にしてきました。しかし、大学合格は学歴獲得競争の「ゴール」であるだけでなく、学生生活の「スタート」でもあります。果たして彼らが大学進学後に迎える学生生活には格差は見られないのでしょうか？　本章は、「日本の学歴エリート」を代表する東大生の学生生活の実像について、主にその親学歴との関連を中心に検討してゆきます。見過ごされがちだった「大学第一世代」に光を当てることで、教育格差論や東大のダイバーシティ&インクルージョン（D&I）に一石を投じることを目指します。

†大学進学は教育格差の終わりか?

従来の教育格差研究では、主に子どもが(エリート)大学に合格するまでの機会の格差が問題とされてきました。

具体的には、子ども自身のジェンダー(女性/男性)や出身地(東京圏/地方)、その親の学歴(大卒/非大卒)や家庭環境(経済的・文化的・社会関係的な資源の多寡)といった、本人にはどうにもならない生まれや育ちの初期条件によって、(エリート)大学に合格できるかどうかや、そのための学力を身に付けられるかどうかが左右される事実が、データに基づいて繰り返し指摘されてきました[1]。

序章でも論じられた通り、「日本の学歴エリート[2]」を代表する東京大学こそ、教育格差が日本社会で最も凝縮されている場であると言えます。

東大合格者の著しいジェンダーギャップ(男性に比べた女性の少なさ)や出身地・出身高校の偏りについては、最近ようやくダイバーシティ&インクルージョン(D&I)に注力し始めた東大内部からも問題提起がされつつあり、本書の第一章を含め、そうした現状や要因に関する統計的な検証も実施され始めています。

ところで、大学合格は学歴獲得競争の「ゴール」であるだけでなく、新たな学生生活の

「スタート」でもあるはずです。

しかし、従来の日本の教育社会学では、どの大学に合格できるかという教育機会論と、大学に進学した後の学生文化論が、それぞれの分野で研究が蓄積されてきたせいで[3]、生まれや育ちの面で不利とされる属性を抱える学生が教育格差を〝逆転〟して東大を筆頭とするエリート大学に合格できたとして、進学後にどのような学生生活を送ることになるのか、一度エリート大学に進めさえすれば、周囲の〝恵まれた〟同級生と遜色のない学生生活を過ごすことができるのかどうかは、あまり研究されてきませんでした。

他方で、欧米には家族に大卒者がいない「大学第一世代学生（First-Generation Student）」（以下、大学第一世代ないし第一世代と記す）の学生生活に関する豊富な研究蓄積があり、第一世代が学生生活において学業や人脈形成等に不適応を抱えがちであること[4]、とくにエリート大学に進学した第一世代ほど、自身の生まれや育ちと学生生活のギャップが大きいせいで、その傾向がより顕著であることが明らかにされています[5]。

大学第一世代の東大生は、一代にして非大卒／大卒の間の「学歴分断線」[6]を超えるばかりか、大卒層内部の学校歴の優劣をめぐる「学歴ゲーム」でも頂点に立った人たちです。大学受験を通じて日本社会で考えうる限りの〝大逆転〟を果たした教育格差の〝外れ値〟だと言えます。

東大生の学生生活の実像に迫る本章では、この大学第一世代を中心に、不利とされるマイノリティ属性を抱えながらも日本の学歴エリートの筆頭である東大に進学できた人々に注目します。彼らがどんな学生生活を送ったのか、周囲の同級生の学生生活との間に格差はなかったのか、あったとすれば、それはいかなる格差なのかを明らかにすることを通じて、教育格差の議論や東大のD&Iに一石を投じることを目指します。

†見過ごされたマイノリティとしての大学第一世代

まず、そもそも東大に大学第一世代はどのくらいいて、どんな生まれや育ちを有する人々なのかを確認します。

図表2－1は、両親がどちらも四年制大学を出ていない学生を「大学第一世代」、片方または両方の親が四年制大学を出ている学生を「親大卒」と見なした上で、それぞれの比率の世代ごとの推移を示したものです。

一見してわかる通り、第一世代比率は世代を追って低くなる傾向にあり、最も若い1991年以降生まれでは、わずか13％しか占めていません。この減少傾向が現在まで続くなら、現役東大生に占める第一世代の比率は10％を割り込む可能性が高いでしょう。

読者の中には、「親世代の大学進学率が上昇しているのだから「第一世代」が減るのは

図表2-1　世代ごとの両親学歴の推移

	N	大学第一世代	親大卒	親銘柄大卒	親東大卒
～1970年生まれ	679人	230人(33.8%)	449人(66.2%)	233人(46.7%)	94人(18.8%)
1971～1980年生まれ	290人	66人(22.7%)	224人(77.3%)	86人(38.3%)	23人(10.2%)
1981～1990年生まれ	346人	69人(19.9%)	277人(80.1%)	91人(37.2%)	36人(14.7%)
1991年～生まれ	230人	31人(**13.4%**)	199人(86.6%)	69人(42.8%)	15人(9.3%)
合計	1545人	396人(25.6%)	1149人(74.4%)	479人(**42.5%**)	168人(**14.9%**)

註1）親銘柄大卒および親東大卒の（　）内は父母の出身学校名に回答があった1127ケース（～1970年：498ケース、1971～80年：224ケース、1981年～90年：244ケース、1991年～：161ケース）の中の比率。
註2）太字部分はとくに重要な分析結果。

当たり前ではないか」と思われる方もいるかもしれません。しかし、日本で四年制大学進学率が50%を超えたのは2009年のことです。1991年以降生まれの東大生の親世代（1961年～70年生まれ）が18歳を迎えた1980年代に至っても、依然25%程度に過ぎませんでした（当時は現在より男女差が大きく、男性で約35%、女性で約13%でした）。

要するに、この図表中で最も若い世代でも、日本全体では親が四年制大学を出ている方が少数派、第一世代の方が多数派だったのです。それなのに、東大生に第一世代が13%しかいない状況は相当に偏っていると言えます。

参考までに、2020年に全国19の大学の現役大学生約1000人を対象として実施された調査では、両親非大卒すなわち大学第一世代の比率は、国立下位大学では約52%、私立下位大学では約41%、国立上位大学では約35%、私立上位大学では約29%でした。(7) このように、上位大学になるほど第一世代は少なくなる傾向にありますが、とりわけ「国立最上位大学」である東大の第一世代の少なさには目を見張るものがあります。

東大生の親の出身校も気になるところです。彼らもやはりエリート大学出身者が多いのでしょうか。

図表2-1には、一人以上の親の出身校が旧帝国大学（東京大学・京都大学・北海道大学・東北大学・名古屋大学・大阪大学・九州大学）と一橋大学・東京工業大学・神戸大学の銘柄国立大学、早稲田大学・慶應義塾大学の銘柄私立大学、医学部医学科、海外大学のいずれかに該当するケースを、「親銘柄大卒」として計上しました。(8)

驚くべきことに、東大生の親はこれらの銘柄大学出身者が42%、なかでも東大出身者が15%近く（!）を占めています。「高学歴再生産」の一端が窺える衝撃的な結果です。

このように、「親も大卒の東大生」は親もエリート大学出身である場合が多く、本章で比較検討する「第一世代の東大生」との生まれや育ちのギャップは非常に大きそうです。

ところで、一国全体では第一世代の方が多くてもエリート大学には第一世代が極端に少ない傾向は、米国も同じです。米国の代表的なエリート大学の第一世代比率は、プリンス

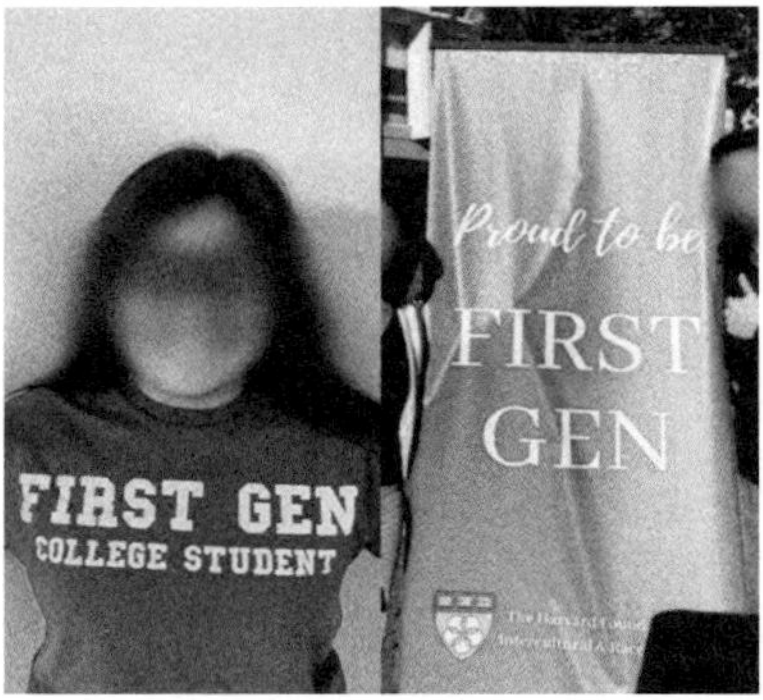

図表2-2　ハーバード大学の“First-Gen Visibility Week”（＝大学第一世代可視化週間）
出典：ハーバード大学ホームページ「Celebrating National First-Generation College Celebration Day at Harvard」（https://college.harvard.edu/student-life/student-stories/celebrating-national-first-generation-college-celebration-day-harvard［2024年10月18日取得］）
註）画像は筆者が一部加工を加えた。

トン大学では約17%、イエール大学では約18%、ハーバード大学では約20%、スタンフォード大学では約21%となっています(9)。

　これらの大学は、大学自らが第一世代比率を集計・公表していることからもわかる通り、学内の多様性（Diversity）や公正性（Equity）を推進する上で、ジェンダー、出身地、障害、人種等と併せて大学第一世代の比率を重視し、第一世代に関する啓発事業や支援プログラムに力を入れています。

　こうした米国のエリート大学より、実は東大の方が第一世代は少ないというショッキングな事実。にもかかわらず、私たちの「東大卒業生調査」以前にはこの事実がきちんと調査されてきませんでした。そのせいで、東大がD&Iを声高に唱え始めた現在に至ってもなお、学生の親学歴の偏りについては、ほとんど問題視されることがないままなのです。

もちろん同世代の半数を占める女性が東大に約20％しかいないことも偏っていますが、同世代の多数派を占めるはずの第一世代は東大に約10％しかいないのですから、東大生の親学歴の偏りもまた、著しいものだと言わねばなりません。

†大学第一世代の東大生は「男性」「地方出身」「共学出身」に多い

次に、大学第一世代にはどんなジェンダー（女性／男性）、出身地（東京圏の一都三県／その他の地方）、出身高校の種別（共学／別学）および設置者（公立／国立／私立）の人が多いかについて、クロス集計を行いました（図表は省略）。

ジェンダーについては、全世代をまとめて集計すると、第一世代は男性に多く女性に少ない傾向がありました。具体的には、男性で28％、女性で14％が第一世代です。教育社会学者の河野銀子による地方国立大学教育学部生を対象とした調査[10]でも、第一世代は男性に多く女性に少ない傾向が検出されており、今回の結果と符合します。ただし、今回の調査では、世代ごとに集計した場合には、最も若い世代（1991年以降生まれ）で男女差がなくなっていました。つまり、かつては非大卒家庭出身の女性が東大に到達するための障壁は同じく非大卒家庭出身の男性よりも高かったものの、最近ではそうしたジェンダー差はなくなっていると言えます。

出身地については、第一世代は東京圏（一都三県）よりもその他の地方出身の場合が多い傾向が、全世代を通じて確認されました。具体的には、東京圏出身者で17％、地方出身者で32％が第一世代です。第一章で指摘されていた、親が大卒である割合は東京圏出身者で高く地方出身者で低い傾向を裏返した結果とも言えます。

出身高校の種別については、世代ごとに異なる傾向が見られました。年長世代（1970年以前生まれと1971〜80年生まれ）では男女共学出身者と別学（男子校・女子校）出身者との間で第一世代の比率に差がなかった一方、若年世代（1981〜90年生まれと91年以降生まれ）では第一世代は男女共学出身者が多く別学出身者が少ない結果が見られました。

現在、東大合格者数ランキングの上位を占める別学（男子校・女子校）の超進学校には中学入試のみの完全中高一貫校が多いのに対して、同ランキングに登場する男女共学の進学校のほとんどが高校入試を実施する高校であることを踏まえれば（図表序‐1）、近年ただでさえ減少傾向にある第一世代の東大生は、中学受験組より高校受験組が相対的に多いのではないかとも推察できます。

教育社会学者の井上義和は、京都大学1年生を対象に行った調査結果から、難易度の高い大学では、私立中高一貫校に中学から入っていたグループほど両親の学歴が高いこと、反対に公立高校出身のグループや私立中高一貫校に高校から編入したグループほど両親の学歴が低いことを指摘していました。[11] つまり、第一世代の京大生には中学受験組より高校受験組の方が相対的に多かったということです。第一世代の東大生にも同様の傾向がありそうです。

他方、東大（卒業）生を対象とした今回の調査では、出身高校の設置者（公立／国立／私立）と親学歴の間には、全世代を通じて関連は見出されませんでした。

†「東大に入学した理由」に見る大学第一世代の不利

「東大に入学した理由」については、第一章でもジェンダーと出身地の影響を検討しました。ここでは、そこにさらに親学歴の変数も追加して、学生のジェンダーや出身地だけでなく、親学歴によっても東大を目指す理由が異なる可能性を検討してゆきます。

多変量解析の結果、第一世代ほど「家族や親族に勧められたから」と答える比率が低いことがわかりました。その結果が図表2－3です。

最初なので、丁寧に分析結果を読み解いてみましょう（どうしてもやや専門的な話になるので、結論だけを知りたい方は、「要するに」から始まる段落まで読み飛ばしていただいてかまいません）。

今回は、本章の主な関心である両親学歴（一人以上の親が大卒＝0／両親非大卒＝1とする第一世代ダミー）に加えて、世代（1980年以前生まれをまとめた年長世代＝0／1981年以降生ま

図表2-3 「家族や親族に勧められたから」を従属変数とするロジスティック回帰分析

独立変数	偏回帰係数	オッズ比	標準誤差	有意確率
両親学歴（第一世代ダミー）	**−.525**	**.592**	**.141**	**<.001*****
世代（若年世代ダミー）	−.218	.804	.123	.077
ジェンダー（男性ダミー）	**−1.25**	**.883**	**.145**	**.389**
出身地（地方ダミー）	**−.140**	**.870**	**.119**	**.242**
出身高校種別（別学ダミー）	**.469**	**1.599**	**.118**	**<.001*****
出身高校設置者（国私立ダミー）	−.063	.939	.114	.581
（定数）	−.388	.678	.171	.023*
Negelkerte 疑似決定係数	.043			
モデル有意確率	<.001***			
モデルχ^2乗値	46.435			
N	1382			

註）太字部分はとくに重要な分析結果。

れをまとめた若年世代＝1とする若年世代ダミー）、ジェンダー（女性＝0／男性＝1とする男性ダミー）、出身地（東京圏＝0／地方＝1とする地方ダミー）、出身高校種別（共学＝0／別学＝1とする別学ダミー）、出身高校設置者（公立＝0／国立と私立をまとめた国私立＝1とする国私立ダミー）を独立変数とし、「まったく当てはまらない／あまり当てはまらない／やや当てはまる／とても当てはまる」の四択で尋ねた各質問への回答を、大きく、当てはまらない＝0／当てはまる＝1の二項に置き換えたものを従属変数とする多変量解析を行いました。

ジェンダーや出身地などと同時に親学歴を独立変数に加えた多変量解析を行うことで、第一章でも検討したジェンダーや出身地の効果を統制しつつ、親学歴の効果の有無や程度を検証することができます。なお、回答を二項に置き換えたのは、従属変数が四件法の多変量解析では、それを二段階のダミー変数に変換するやり方が一般的であり、こうすることで複雑な事象をなるべく単純化して示すことも可能になるからです。従属変数が二項であることから、二項ロジスティック回帰分析とも呼ばれます。

さて、図表2-3を見てみると、モデル有意確率が0・1％未満ですから、今回投入した独立変数によって従属変数を（少なくともある程度）説明できると言えます。その程度は、Negelkerte疑似決定係数によるとおおよそ4％です。

個別の変数では両親学歴（第一世代ダミー）と出身高校種別（別学ダミー）の有意確率がともに0・1％未満なので、両者とも（少なくともある程度）効果があると見なせます。

各独立変数の効果がどの程度なのかはオッズ比を見ます。ここで注目したい両親学歴について言えばオッズ比は0・592です。今回は一人以上の親が大卒＝0／両親非大卒＝1としたので、「一人以上の親が大卒である」（0）が「両親非大卒」（＝第一世代）（1）へ1増加すると、東大進学の理由に「家族や親族に勧められたから」を挙げる比率が0・592倍になることが示されています。

なお、もう一つ有意だった別学ダミーの効果については、男子校と女子校で効果の大きさもそれが持つ意味合いも異なるであろうことから、「ジェンダー（男性ダミー）×出身高校種別（別学ダミー）」の交互作用項を独立変数に加えた分析を別途試みたところ、この交互作用項のみ5％水準で有意であり、そのオッズ比は2・034でした。つまり、ジェンダーが女性（0）から男性（1）に1増加すると別学の効果が2・034倍になる交互作用（相乗効果）が存在すると言えます。

要するに、第一世代ほど「家族や親族に勧められたから」と答える比率が低いのです。第一章ではこの比率は東京圏女性で高く、地方（の男女）で低い傾向があると指摘されていましたが、ロジスティック回帰分析の結果、ジェンダーや出身地ではなく、両親学歴に固有の効果があることがわかりました。また、男子校出身者ほど「家族や親族に勧められたから」と答える比率が高くなることもわかりました。

第一世代が進路選択に際して親を頼らない傾向があることは、前出の河野銀子の調査(12)でも示されていました。ただし、河野は第一世代が親を頼れない代わりに教師を頼りにする傾向が強いことも示していたのですが、東大生対象の今回の調査では、高校や塾・予備校の教員が東大進学の理由になったと答える比率には、両親学歴による差はありませんでした（図表は省略）。

東大進学を決断する際、第一世代は家族を頼りにできず、高校や塾・予備校の先生を頼るしかありません。それに対して、親が大卒の学生はそのどちらも頼りにできるのです。

このように、東大進学を決断する理由からも、第一世代が不利であることが窺われます。

†大学第一世代は「実利志向」が強い？

河野は、大学第一世代の大学進学理由には（「資格を得る」や「就職を有利にする」等の）「実利志向」が強いことを指摘しています[13]。では、東大生の第一世代の場合にはどうでしょうか。このことを検証するため、次に「東京大学からの就職先がよいから」と回答した人の傾向を確認してみましょう（図表2－4）。

今回は、両親学歴の効果は見られず、代わりにジェンダーの効果が見られました。男性ほど「卒業後の実利」を理由に挙げる傾向があるようです。また、同様の結果は、「卒業後の仕事をする上で有利だから」という類似の質問を用いたロジスティック回帰分析でも確認されました（図表は省略）。

先行研究は第一世代と「実利志向」の関連を指摘していましたが、東大生を対象とする今回の調査では関連は見られませんでした。

†東大に馴染めたのは誰か

以下ではいよいよ本章の核心である学生の生まれや育ちと学生生活の関連に迫ります。

図表2-4 「東京大学からの就職先がよいから」を従属変数とするロジスティック回帰分析

独立変数	偏回帰係数	オッズ比	標準誤差	有意確率
両親学歴（第一世代ダミー）	**−.115**	**.891**	**.131**	**.380**
世代（若年世代ダミー）	−.145	.865	.119	.221
ジェンダー（男性ダミー）	**.609**	**1.838**	**.139**	**<.001*** **
出身地（地方ダミー）	.064	1.066	.117	.587
出身高校種別（別学ダミー）	.209	1.233	.116	.072
出身高校設置者（国私立ダミー）	.086	1.089	.111	.440
（定数）	−.193	.824	.166	.243
Negelkerte 疑似決定係数	.028			
モデル有意確率	<.001***			
モデル χ^2 乗値	29.322			
N	1377			

註）太字部分はとくに重要な分析結果。

まず、先ほどまでと同じ独立変数を用いて、「全体として、東京大学の学生生活になじんで生活することができた」と答えた人の傾向を確認しました（図表2-5）。

結果は予想を裏切るものでした。なんと今回の分析モデル自体が有意ではなかったのです。つまり、東大生の「学生生活全体への主観的な馴染み度合い」は、両親学歴やジェンダーを含む学生の生まれや育ちによっては説明できないということ、これらの属性による格差は生じていないということです。

なお、これ以降で取り上げる分析については、「両親学歴（第一世代ダミー）×ジェンダー（男性ダミー）」「両親学歴（第一世代ダミー）×出身地（地方ダミー）」「両親学歴（第一世代ダミー）×出身高校種別（別学ダミー）」「ジェンダー（男性ダ

図表2-5 「全体として、東京大学の学生生活になじんで生活することができた」を従属変数とするロジスティック回帰分析

独立変数	偏回帰係数	オッズ比	標準誤差	有意確率
両親学歴（第一世代ダミー）	.166	1.181	.205	.418
世代（若年世代ダミー）	−.039	.962	.180	.830
ジェンダー（男性ダミー）	.118	1.126	.211	.575
出身地（地方ダミー）	−.190	.827	.179	.288
出身高校種別（別学ダミー）	.104	1.109	.178	.561
出身高校設置者（国私立ダミー）	.136	1.146	.169	.423
（定数）	1.909	6.749	.251	<.001***
Negelkerte 疑似決定係数	.005			
モデル有意確率	**.731**			
モデル χ^2 乗値	3.596			
N	1377			

註）太字部分はとくに重要な分析結果。

ミー）×出身地（地方ダミー）」「ジェンダー（男性ダミー）×出身高校種別（別学ダミー）」の交互作用項を独立変数に投入した分析も別途検討し、必要に応じてその結果にも言及します（なお、ここでは、有意な交互作用は見られませんでした）。

先述の通り、欧米の大学第一世代学生（First-Generation Student）研究では、第一世代がとりわけエリート大学の学生生活への適応に困難を抱えやすいと指摘されてきました。また、日本でも第一世代の学生生活への不適応・離脱傾向が指摘されていました。学内でマイノリティである東大女性が抱える孤独感や疎外感もしばしば指摘されるところです。

それにもかかわらず、日本を代表するエリート大学たる東大において、第一世代や女性であることを含む生まれや育ちは、「全体として、

東京大学の学生生活になじんで生活することができた」と感じるかどうかに関係しないというのです。これは意外な結果です。

ただし、上記の分析結果の解釈に際しては、以下の2点に慎重である必要があります。

1点目は、今回用いた質問では、学生生活が「全体として」どうだったかが尋ねられているということです。仮に「全体として」はそれなりに満足でも特定の場面で悩みや生きづらさを感じやすい人がいた可能性もあります。

2点目は、この質問によって知ることができる「馴染み度合い」は、あくまでも学生自身の「主観的な」ものでしかないということです。本人に意識されていない部分で周囲の生まれや育ちの面で〝恵まれた〟同級生との間に格差が生じていた可能性もあります。

これらの可能性を見落としてはなりません。

†ハラスメントや差別を受けやすいのは誰か

学生生活で悩みや生きづらさを感じる場面の典型が、ハラスメントや差別に遭遇する状況でしょう。そこで次に、「東大内でハラスメントや差別を受けたり見聞きしたりした」と答えた人の傾向を見てみましょう（図表2－6）。

ここでは、両親学歴の効果は見られませんでした。一方、世代が若い方が、また女性の

図表2-6　「東大内でハラスメントや差別を受けたり見聞きしたりした」を従属変数とするロジスティック回帰分析

独立変数	偏回帰係数	オッズ比	標準誤差	有意確率
両親学歴（第一世代ダミー）	**−.335**	**.715**	**.190**	**.077**
世代（若年世代ダミー）	**.820**	**2.271**	**.150**	**<.001*****
ジェンダー（男性ダミー）	**−1.215**	**.297**	**.159**	**<.001*****
出身地（地方ダミー）	.296	1.345	.158	.061
出身高校種別（別学ダミー）	.188	1.207	.156	.228
出身高校設置者（国私立ダミー）	−.009	.991	.146	.952
（定数）	−1.123	.325	.203	<.001***
Negelkerte 疑似決定係数	.139			
モデル有意確率	<.001***			
モデル χ^2 乗値	123.750			
N	1372			

註）太字部分はとくに重要な分析結果。

方が、「ハラスメントや差別を受けたり見聞きしたり」していることがわかります。なお、交互作用項を加えた分析では「両親学歴（第一世代ダミー）×出身地（地方ダミー）」が負の効果を持ち、地方出身の第一世代ほど東大内でハラスメントや差別を受けたり見聞きしたりした比率がとくに低くなるようです。

女性の方がハラスメントや差別に遭いやすい傾向は、東京大学が2022年に公表した学内調査[14]でも報告されていました。これは、歴史的に形成されてきた「女性の〝いない〟東大」の環境が、マイノリティである女性を抑圧・排除してきたこと[15]の表れでしょう。

今回の調査の自由記述にも「全体的に男性中心の世界という感じがする。教員もほぼ男性で、無自覚なセクシャルハラスメントに当たる発言をされたこともあるが受け流すしかなかった」とか、「東大は男子学生が多く、男子校などの同性コミュニティがとても強い文化があるので、(…)特に地方出身の女子学生では変な対応をされてもこんなものなのかと思ってしまったり、太刀打ちできないこともありました」といった切実な経験談が数多く見られました。

これは、学生生活に対する「全体として」の評価だけに注目していては見落とされてしまいかねない、個別場面の多種多様な悩みや生きづらさの一例であると言えます。反対に地方出身の第一世代が東大内でハラスメントや差別を受けたり見聞きしたりせずにいられたのは、その大多数が男性だからだと思われます。もしかすると、彼らはその無自覚さの陰で、女性に対する抑圧・排除に加担してしまっていたおそれもあるかもしれません。

ところで、世代の効果はどう考えればよいでしょうか。最近の東大でハラスメントや差別が昔より増えている可能性も残念ながら否定はしきれません。しかし、近年の東大生にハラスメントや差別への感度が高まり、以前なら見過ごされていた不快な接触や不適切な言動をきちんと「ハラスメント」や「差別」として問題視できるようになっている可能性もあります。筆者個人としてはこちらの可能性を信じたいところです。

†学業にはどう取り組んでいるか

ここからは、学生生活の「正課」である学業への取り組みを見ます。基本的には今までと同じロジスティック回帰分析を行うのですが、学業への取り組みには理系に所属するか文系に所属するかの影響もあるかもしれないので、これまで用いてきた独立変数に新たに学部（理系＝0／文系＝1とする文系ダミー）を加えます。

まず「専門分野の勉学に熱心に取り組んでいた」と答えた人の傾向を見てみると、両親学歴やジェンダーを含むいずれの独立変数についても効果は見られませんでした（図表は省略）。続けて「専門分野以外の幅広い授業を積極的に履修していた」と答えた人の傾向を見てみると、世代が若い学生の方が、また女性の方が専門分野以外の幅広い授業を積極的に履修する傾向が強いという効果が見出されましたが、こちらでもやはり両親学歴には効果が見られませんでした（図表2-7）（なお、交互作用項を独立変数に投入した分析も別途検討しましたが、有意な交互作用は見られませんでした）。

大学第一世代の東大生たちが、（専門分野内・外の）学業への取り組みで大卒の親を持つ同級生たちに引けを取っていないことは特筆すべきことかもしれません。というのも、先述の通り欧米の研究は第一世代の学業への不適応傾向を繰り返し指摘してきました。また、日本の第一世代研究の先駆例の一つである、教育学者の濱名篤《はまなあつし》らによる私立中下位大学の新入生の調査でも、第一世代ほど「授業が難しい」と感じる比率が高く、教師とのコミュ

図表 2-7 「専門分野以外の幅広い授業を積極的に履修していた」を従属変数とするロジスティック回帰分析

独立変数	偏回帰係数	オッズ比	標準誤差	有意確率
両親学歴（第一世代ダミー）	**.050**	**1.051**	**.139**	**.719**
世代（若年世代ダミー）	**.763**	**2.144**	**.137**	**<.001*****
ジェンダー（男性ダミー）	**−.380**	**.684**	**.168**	**.024***
出身地（地方ダミー）	−.154	.858	.125	.221
出身高校種別（別学ダミー）	−.157	.855	.124	.207
出身高校設置者（国私立ダミー）	−.110	.896	.120	.361
学部（文系ダミー）	−.167	.847	.121	.170
（定数）	1.198	3.313	.198	<.001***
Negelkerte 疑似決定係数	.055			
モデル有意確率	<.001***			
モデル χ^2 乗値	54.165			
N	1383			

註）太字部分はとくに重要な分析結果。

ニケーションや書籍購入経験も少ない傾向にあると指摘されていたからです[16]。

それに対して、第一世代の東大生は専門分野の勉学への熱心さのみならず専門分野以外の幅広い授業への積極性についても親が大卒のマジョリティの学生に比肩していました。彼らが学業の面で不適応を抱えているとは言えないでしょう。

では、世代の若い学生ほど、また男性より女性の方が「専門分野以外の幅広い授業を積極的に履修していた」傾向が見られる点については、いかに解釈できるでしょうか。

世代の効果については、東大が近年、狭い専門の枠を超えたリベラルアーツの教育を重視し、後期教養科目や横断型教育プログラム等の「専門分野以外の幅広い授業」の充実を図りつつ、その「積極的な履修」を奨励していることの影響を指摘できそうです。また、近年になるほど「真面目化[17]」「向学校化[18]」（学校の体制や方針に従順という意味）していると研究で指摘されている大学生が、そうした大学の方針に素直に従う結果、専門分野外の学習にも積極的に取り組むようになっているのかもしれません。

ジェンダーの効果については、すでに見た通り男性の方が「実利志向」が強いことが、彼らに専門分野外の学習を敬遠させてしまっている可能性を指摘できるでしょう。逆に、男性に比べると相対的に「実利志向」が強くない女性の方が、自らの好奇心の赴くままに、専門分野外の学習に積極的に取り組めているのかもしれません。

†課外活動にはどう取り組んでいるか

最後に、学生生活の中で学業と並んで重要な、部活動・サークルやボランティア、インターンシップ、海外留学等の課外活動と人脈形成への取り組みについて見てみましょう。まず、「東京大学の課外活動に積極的に参加していた」と答えた人にどのような傾向があるかを確認します（図表2-8）。

ここからは、第一世代ほど課外活動に消極的な傾向があることと、世代が若い学生の方が課外活動に積極的であることが読み取れます（なお、交互作用項を独立変数に投入した分析も

図表 2-8 「東京大学の課外活動に積極的に参加していた」を従属変数とするロジスティック回帰分析

独立変数	偏回帰係数	オッズ比	標準誤差	有意確率
両親学歴（第一世代ダミー）	**−.333**	**.716**	**.134**	**.013***
世代（若年世代ダミー）	**.551**	**1.735**	**.131**	**<.001*****
ジェンダー（男性ダミー）	.148	1.159	.154	.338
出身地（地方ダミー）	−.211	.810	.124	.087
出身高校種別（別学ダミー）	−.078	.925	.122	.525
出身高校設置者（国私立ダミー）	−.067	.935	.117	.567
学部（文系ダミー）	−.209	.812	.119	.079
（定数）	.843	2.322	.186	<.001***
Negelkerte 疑似決定係数	.036			
モデル有意確率	<.001***			
モデルχ^2乗値	35.523			
N	1382			

註）太字部分はとくに重要な分析結果。

別途検討しましたが、有意な交互作用は見られませんでした）。

世代の効果については、専門分野外の学習と同様に、近年東大の課外活動のバリエーションがいっそう豊富になっていること（最近では、海外派遣を伴う国外でのボランティアやインターンシップ、体験活動プログラムなどの新たな課外活動も登場し奨励され始めています）や、先述の通り近年「真面目化」「向学校化」しているとされる学生が、それらに素直に参加している表れとして理解できそうです。

もっとも、ここで注目すべきは、両親学歴の効果の方です。本章でこれまで見てきた「学生生活全体への主観的な馴染み度合い」や「（専門分野内・外の）学業への取り組み」においては、大学第一世代とその他の学生の間に見られなかった格差が、課外活動への積極性には見出されたのです。

†誰が・どんな人脈を形成しているか

そして、大学第一世代の不利は人脈形成にも及びます。本調査では大学時代の人脈形成について、「大学内の人脈形成」と「大学外の人脈形成」に分けて尋ねました。分析の結果、「東京大学内で幅広い人脈を得ることができた」かどうかには第一世代とその他の学生の間で格差は見られなかったのですが（図表は省略）、「大学外の人脈形成」には格差が生じていることが明らかになりました（図表2－9）（なお、交互作用項を独立変数に投入した分析も別途検討しましたが、有意な交互作用は見られませんでした）。

学生生活の「正課」である学業には見られなかった第一世代の不利が、「課外」活動や「大学外」の人脈形成といった学生生活の〝外側〟では確認されたと言えます。

本章の冒頭では、従来の教育格差論が主にエリート大学に合格するまでの機会の格差を問題にしてきたと述べましたが、エリート大学進学後に迎える学生生活（の〝外側〟）にも学生自身の生まれや育ちと関連する機会の格差が残存している可能性がありそうです。

大学の課外活動には、ボランティアやインターンシップ、海外留学など学生の「主体的な学び」を期待することのできる活動も多数含まれます。そのため、課外活動も大学教育

図表 2-9 「東京大学外で幅広い人脈を得ることができた」を従属変数とするロジスティック回帰分析

独立変数	偏回帰係数	オッズ比	標準誤差	有意確率
両親学歴（第一世代ダミー）	**−.390**	**.677**	**.142**	**.006****
世代（若年世代ダミー）	−.126	.882	.125	.316
ジェンダー（男性ダミー）	.250	1.284	.154	.104
出身地（地方ダミー）	.195	1.215	.122	.111
出身高校種別（別学ダミー）	.178	1.194	.121	.142
出身高校設置者（国私立ダミー）	−.147	.863	.116	.206
学部（文系ダミー）	−.150	.861	.118	.202
（定数）	−.845	.430	.185	<.001***
Negelkerte 疑似決定係数	.017			
モデル有意確率	.017*			
モデル χ^2 乗値	17.096			
N	1381			

註）太字部分はとくに重要な分析結果。

の重要な構成要素であると考えられます。[19]だとすれば、こうした大学進学後の学生生活における「体験格差[20]」も、広い意味での教育格差と見なせるのではないでしょうか。

ちなみに、先ほど触れた、濱名篤らによる私立中下位大学の新入生に対する調査でも、第一世代は、サークル加入率や他大生との交流経験率が、大卒の親を持つ学生に比べて低いことが示されていました[21]。

第一世代の人脈形成が低調な傾向は欧米の研究でも指摘されてきましたが、大学内の人脈形成より、課外活動への参加や大学外の人脈形成に格差が顕著なことが、日本の第一世代の特徴なのかもしれません。

†学生生活の「大きな分断」

ところで、傍目には、「課外」に消極的な第一世代より、「課外」に（も）積極的な同級生の方が充実した学生生活を謳歌しているように見えます。それにもかかわらず、先ほど示した通り、「学生生活全体への主観的な馴染み度合い」には第一世代と大卒の親を持つ周囲の学生の間で差がありませんでした。この矛盾はどう考えればよいのでしょうか。

あくまで一つの仮説ですが、学業をはじめとする学生生活の「正課」に愚直に取り組む（第一世代の）学生は、課外の時間に部活動やサークル、あるいはそこでの交際を楽しんだり、ボランティアに汗を流したり、インターンシップや海外留学の機会に恵まれたりしていた同級生たちとは隔絶された学生生活を過ごしていた可能性があるように思われます。

山内マリコの小説『あのこは貴族』[22]が2021年に映画化されて話題を集めました。この作品の中に、地方から慶應義塾大学に進学した（おそらくは）大学第一世代である主人公が、同じ大学に通っているのに、自分とはかけ離れた羽振りのよい――まるで「貴族」のような学生生活を要領よく過ごす東京のエリート家庭出身の同級生たちと上手く交われない様子を、生々しく描いた場面があります。

東大卒業生を対象とする今回の調査の自由記述には、「東大は、学費の高い私立や、小学校からエスカレーター式で入れる慶應などと違って、親の収入に左右されずにさまざまな個性的な人たちが集まる場所だと勝手に幻想を抱いて入学した。が、実際にはそんなことがなかった。明らかに階層があった」「出身地や親族による格差が不愉快だった」「〔両者には〕大きな分断があり、交わることがなかった」といった声がありました。

社会学者の妹尾《せのお》麻美《あさみ》は、大学生は自分の周囲の学生の様子を参照することで、「大学生はこう生活するんだな」「大学生は課外活動するものだ」といった認識を絶えず更新しつつ、各自の学生生活を構造化している可能性があると論じています。[23] 妹尾自身はこうした認知的なプロセスを経て大学ごとに異なる学生生活の特徴が形成される全体的な傾向に注目しています。しかし、本章がここまで検討してきたように、現実には同じ（エリート）大学に通う学生の学生生活も決して一枚岩ではなく、むしろそこには、学生の生まれや育ちによる「大きな分断」があるようです。

だとすれば、第一世代が学生生活の基準として参照する「周囲の学生」——社会学では「準拠集団」と呼びます——の中に、エリート家庭出身者は含まれにくいのではないでしょうか。第一世代は、とくにSNSが普及する以前には、エリート家庭出身の同級生たちが自分たちからは見えづらい学生生活の〝外側〟で課外活動や大学外の人脈を充実させていることをよく認識しないまま、周囲にいる自分と似た出自の学生の様子を基準に、「大学生はこう生活するんだな」「大学生は課外活動しないものだ」といった認識を固めていった——だからこそ、第一世代は自分が学生生活の〝内側〟で適応できていることのみをもって、「東京大学の学生生活になじんで生活することができた」と満足して（しまって）いたのではないでしょうか。

要するに、学生生活の隔絶を背景として、第一世代自身には意識されにくい格差が存在した可能性があるということです。少し前に本人の「主観的な」馴染み度合いだけを見ていては見落とされる格差もあるかもしれないと述べたのも、このような理由からでした。

†〝不器用〟な大学第一世代は就職活動でも不利？

以上の分析結果から浮かび上がるのは、親が大卒の学生に比べると、少し〝不器用〟な大学第一世代の実像です。第一世代の東大生は、学業に熱心で大学内には友人もいる。そして自分ではそれなりに学生生活に馴染めていると感じている。けれども、親も大卒の同級生のように、大学内の「正課」の活動と並行して課外活動に参加したり、大学外で幅広い人脈を築いたりする〝要領のよさ〟や〝余裕〟は持ちえていないのです。

もちろん、全ての学生が課外活動に参加しなければならないわけではないし、人脈が広ければ立派であるというわけでもありません。どんな学生生活を過ごすかは学生本人の自由であり、学業に専念したり狭く深い人間関係を大切にしたりする学生生活のあり方も、等しく尊重されるべきです。また、今回の調査では質問できておらず、そのため本章でも扱えなかった学生生活を構成する重要な要素としてアルバイトが挙げられます。学生の中には、経済的な事情からアルバイトに邁進せざるをえないせいで、本人が望んでも課外活動に参加する余裕がなかったという人もいるでしょう。

ともあれ、学生たちは（学部卒業後に大学院に進学する場合でも）何年かすれば学生生活を終え、その大多数が就職活動を経て、労働の世界に歩みを進めます。「人物採用」を掲げる日本の就活では、学生生活の「正課」である学業の成果以上に、「課外」の学生生活で力を入れたこと――いわゆる「ガクチカ」が重要な意味を持っているようです[24]。その際に、学生生活で課外活動や大学外の人脈形成にあまり取り組んでこなかった（第一世代の）学生が不利になってしまう可能性は、軽視できないと思われます。

日本の大卒就職研究は、一度高い学歴・学校歴を獲得できれば出身家庭の影響はご破算になるという想定をとることが多く、とりわけ親学歴と初職達成の関連はほとんど検証されてきませんでした[25]。

例外的な研究として、教育社会学者の本田由紀の研究があります。本田は、とくに難度の高い大学に通う第一世代は、内定先の企業規模や主観的満足感に関して、大卒の親を持つ学生に劣る傾向があることを明らかにしています[26]。また、本田は本書の第三章では東大卒のキャリア形成を検討しており、第一世代の東大卒（とりわけ男性）に収入が相対的に低い傾向があることを明らかにしています。以上からは、第一世代の学生の就活時の不利が現実に存在することが示唆されます。

では、第一世代は何が不利なのでしょうか。まず、身の周りに大企業勤務や高度な専門職の大人がいない場合、幼い頃からそうした仕事に対する具体的なイメージが持ちづらいと考えられます。また、本田は、就職活動を上手くこなしたり就活の成功を見据えた学生生活を送ったりするためのノウハウを、親世代から引き継げない点にも言及しています。

受験勉強は、到達点とやるべきことがある程度明確であったのに対して、「人物採用」を掲げる現状の日本の就活ではそれらがいずれも不明確です[27]。そのため、自らも大卒就活を経験した親からノウハウを引き継げるかどうかが、学生の就活の成否や就活を見据えた学生生活への適応を左右してしまうと考えられるのです。

本章では、親学歴によって、東大生の課外活動や大学外の人脈形成の取り組みに差があることを指摘しました。これは、第一世代の東大生が、就職活動に適合的な学生生活を送る志向[28]やノウハウを親世代から引き継げないせいで生じた格差だったのかもしれません。

†まとめと提言

東大生の学生生活の実像に迫る本章では、不利とされるマイノリティ属性を抱えつつも

「日本の学歴エリート」の筆頭をなす東大に進学できた人々に注目しました。その上で、彼らの学生生活のあり方をマジョリティの学生生活と比較検討することを通じて、たとえエリート大学に合格できたとしても、大学進学後の学生生活には依然として広い意味での教育格差が残る可能性を検証しました。

近年D&Iが声高に唱えられている東大では、ジェンダーギャップについては盛んに指摘されるようになりました。本章の分析でも改めて示された通り、マイノリティである女性が学生生活の中で差別やハラスメントの被害を受けやすいことも事実です。そのため、ジェンダーの偏りが東大にとって喫緊の課題であることは疑いようがありません。一方で、両親が四年制大学を出ていない大学第一世代も、東大内で圧倒的なマイノリティであるという事実は、ほとんど見過ごされてきました。

世代を追うごとに減り続けている第一世代の東大生には、地方出身者や高校受験組が相対的に多くを占め、東大進学を家族や親族に勧めてもらえた比率も低いです。このことからも、第一世代の東大生は、教育格差を〝大逆転〟して「日本の学歴エリート」の頂点に辿り着くことのできた〝外れ値〟のような存在に見えます。

では、彼らは東大進学後にどのような学生生活を過ごしたのか。本章の分析からは、専門分野内・外の学習や大学内の人脈形成には親学歴による差がない一方、第一世代ほど、課外活動への取り組みや大学外の人脈形成には消極的な傾向があることが明らかになりました。やはり、彼らの大学進学後の学生生活には、広義の教育格差が残存していたのです。

これらの格差は、「課外」や「大学外」という学生生活の〝外側〟で生じていたために、第一世代の当事者たちには意識されにくかった――だから「学生生活全体への主観的な馴染み度合い」には親学歴による差がなかった可能性もあります。ただ、そうした課外活動、すなわち「ガクチカ」や大学外の人脈の差が後の就職活動において不利につながる可能性は否定できないのです。

提言①――日本社会は、大学進学後の学生生活にも残る「教育格差」にもっと注目を!

本章を結ぶにあたり、学生の生まれや育ちによる不利や困難が、大学進学後の学生生活の中にも続いている可能性に、日本社会はもっと注目すべきであると提言します。

巷では、序章にも登場した俗悪な「学歴厨 YouTuber」たちが、「受験はゴール」「エリート大学の学歴があれば就職は余裕」などの学校歴至上主義的な言説を喧伝しています。しかし、本章で見たように、「受験はゴール」ではなく「学生生活のスタート」なのです。生まれや育ちの不利を〝大逆転〟してエリート大学に合格できたとしても、そこで教育格差は終わるわけではないという冷酷な実態に、日本社会はきちんと目を向ける必要があります。

このような社会の認識を変えるためにも、これまで低調だった大学進学後の教育格差に関する研究の蓄積が急務です。

その際、欧米で長年蓄積されてきた大学第一世代の学生生活への不適応に迫る研究が参考になりそうです。また、近年では、第一世代が不利や困難をいかに克服し、学生生活に適応していけるかを明らかにする研究[29]や、逆に第一世代の適応を妨げるエリート大学の排他的な大学・学生文化の方を問題視し、その是正に向けた研究[30]も進展しています。これらの研究は統計的な手法だけでなく、インタビュー調査なども用いて第一世代学生の実像により密に迫っている点も特長の一つです。

さらに欧米では、大学院まで進学した第一世代が経験するさらなる不利や困難を指摘する研究[31]や、第一世代がそれを乗り越えて学生生活に適応する仕方を明らかにする研究[32]も登場しつつあります。東大も含む「エリート大学」は大学院進学率が総じて高いからです。

ちなみに今回のデータでは、東大卒業後に修士課程へ進学する比率は第一世代ほど低いものの、博士課程へと進学する比率には親学歴による差は見られませんでした。もしかすると、第一世代の東大院生たちは、修士に進学するまでは何らかの不利や困難を抱えているものの、大学院に進学できればその環境に適応していけるのかもしれません。

いずれにせよ、今後は日本でも、こうした欧米の研究動向にも学びつつ、第一世代の実像を多角的に明らかにする研究が蓄積されてゆくべきでしょう。

提言②――東大は、大学第一世代をD&I施策の対象に!

次に東大に対して、D&I施策の対象に大学第一世代も含めることを提言します。大学内の第一世代の少なさを是正するための取り組みとしては、第一世代のための入試枠や経済的支援を整備することが考えられるでしょう。

これは極端な主張に聞こえるかもしれませんが、いずれも、マイノリティである女性に関してはすでに提案されたり実施されたりしている施策です。例えば、東大副学長の矢口祐人は、「東大の多様性」を高めるための方策として一定の入学枠をマイノリティである女性にあてがうクオータ制（いわゆる「女子枠」）を提案しています。(33) また、東大では対象を女性に限定した経済的支援として、月額3万円の家賃補助（「女子学生向けの住まい支援」）がすでに実施されています。

こうした施策の対象に第一世代を含めることには一考の余地があるでしょう。実は、矢口もD&Iのための入学枠の設置を提案する際、女性を中心に据えつつも、「親が大卒であるかどうか」といった要素にも配慮する可能性を付言しています。また、東大以外では、旧・東京工業大学が第一世代対象の奨学金事業を実施したことが知られています[34]。そのため、第一世代のための入試枠や経済的支援は、決して突拍子もない提言ではありません。こうしたアファーマティブ・アクション（積極的格差是正措置）には賛否両論があり[35]、（主にマジョリティの学生からの）「行き過ぎた優遇」「逆差別」という反発も予想されます（第一章の自由記述の分析も参照）。

それでも東大がもし今後もアファーマティブ・アクションを推進するのだとしたら――。その場合、本章の分析を通じて、東大内では女性だけでなく第一世代もまたマイノリティであり、第一世代の学生生活とマジョリティの学生生活には格差が存在することが確認された以上は、これまで女性限定だった施策は第一世代にも開かれるべきでしょう。

また、国内ですでに「女子枠」を導入している大学の中には「大学内の多様性の欠如がイノベーションを阻害する」という理由を挙げる学校もあります。

しかし、ジェンダーの偏りだけでなく親学歴の偏りが学生・卒業生の視野や発想を妨げてきた可能性もあるはずです。第一世代が極端に少なく、生まれや育ちの面で〝恵まれた〟学生ばかりの東大の環境が、政治家や官僚、経営者や研究者となるエリートたちに、日本全体では多数派である非大卒者の不利や困難[36]を「他人事」として切り捨てるような意識を醸成してきたとしてもおかしくはありません（東大卒の社会意識については第五章を参照）。

よって、属性の偏りが視野や発想を妨げることを根拠に「女子枠」が正当化される場合、同じ理屈で「第一世代枠」も主張されてよいでしょう。

提言③——東大は、大学第一世代の学生生活と就職活動を支える取り組みを！

大学第一世代の入学者を増やすだけではなく、進学後の学生生活と就職活動を支える取り組みも検討されるべきでしょう。

今回の調査の自由記述でも「両親が高卒だったので、在学中も、卒業後も困ることが多かった。そういう生徒向けの相談機関を設置してほしい」といった声が聞かれました。

米国のエリート大学では、第一世代が学生生活への不適応を起こしやすいことを念頭に、学習サポートや、第一世代の学生同士の交流を促す支援プログラムを充実させています。ただし、本章で見た東大生の場合には、(専門分野内・外の)学業への取り組みや大学内の人脈形成といった学生生活の〝内側〟ではなく、課外活動や大学外の人脈形成などの学生生活の〝外側〟の方に、将来の就活での不利にもつながりうる格差が生じていました。だとすれば、東大で検討されるべきは、米国のエリート大学で盛んな学習サポートや学生同士の交流ではなく、希望する学生が課外活動や大学外の人脈形成に向かいやすくするための支援——例えば、アルバイト漬けの学生生活を送らなければならないせいでそれらを断念してしまう学生を減らすための経済的支援など――や、就活のノウハウを親世代から引き継げない第一世代の学生のために、大学が代わりにそのノウハウを補ってあげるような取り組みではないでしょうか。

また、より長期的には、学生生活の「正課」よりも「課外」の活動ばかりを評価する現状の就職活動のあり方自体を問題視し、その是正を働きかけてゆくことも検討されるべきでしょう。そうすれば、(第一世代の)学生が無理をして課外活動や大学外の人脈形成に勤しまなくても、就活で不利になることはありえなくなるからです。

東大の掲げるD&Iが文字通り「あらゆる多様性を取り残さずに包摂すること」を意味するならば、見過ごされた格差がないかを絶えず検証する試みが不可欠のはずです。

本章は、これまでにも注目されてきたジェンダー、出身地、出身高校に加えて新たに親学歴(大学第一世代)に光を当てました。このようにD&Iを不断に更新しようとする意識を持ち続けることこそが、本質的には最も大切なのではないでしょうか。

註

(1) 松岡亮二『教育格差――階層・地域・学歴』ちくま新書、2019年。

（２）麻生誠『日本の学歴エリート』講談社学術文庫、２００９年。

（３）井上義和「学生文化における第一世代問題」稲垣恭子編『子ども・学校・社会――教育と文化の社会学』世界思想社、２００６年、１１６〜１３５頁。

（４）Byrom, T. and N. Lightfoot, 2012, "Transformation or transgression?: institutional habitus and working class student identity", *Journal of Social Sciences* 8(2): 126-134.

（５）Aries, Elizabeth, and Maynard Seider, 2005, "The Interactive Relationship between Class Identity and the College Experience: The Case of Lower Income Students", *Qualitative Sociology* 28(4): 419-443.

（６）吉川徹『学歴分断社会』ちくま新書、２００９年。

（７）妹尾麻美「格差社会における大学と大学生――大学種別に着目して」小川豊武・妹尾麻美・木村絵里子・牧野智和編『「最近の大学生」の社会学――２０２０年代学生文化としての再帰的ライフスタイル』ナカニシヤ出版、２０２４年、67〜81頁。

（８）なお、いずれの大学についても、前身校および大学院の出身者を含みます。また、父母の出身学校名の回答は任意でしたので、ここでは本質問の回答者に占める比率を示しています。くわえて、父母の出身学校名に回答を求める際、学部名の記入までは積極的に要求していなかったため、医学部医学科の出身者は実際にはもっと多いことが推察されます。

（９）IVY COACH ホームページ「What is a First Generation College Student?」(https://www.ivycoach.com/the-ivy-coach-blog/college-admissions/who-qualifies-first-generation-college-student/ ［２０２４年9月30日取得］)。

（10）河野銀子「大学大衆化時代における'First-Generation'の位相」『山形大学紀要（教育科学）』第13巻２号、２００３年、33〜49頁。

（11）井上義和、前掲書、１２６頁。

（12）河野銀子、前掲論文。

(13) 同右。
(14) 2020年度「東京大学におけるダイバーシティに関する意識と実態調査」報告書(https://www.u-tokyo.ac.jp/ja/about/actions/diversity-report-2020.html〔2024年10月15日取得〕)。
(15) 矢口祐人『なぜ東大は男だらけなのか』集英社新書、2024年。
(16) 濱名篤編「ユニバーサル高等教育における導入教育と学習支援に関する研究」平成13〜15年度科学研究費補助金研究成果報告書、2004年。
(17) 岩田弘三「キャンパス文化の変容」稲垣恭子編『教育文化を学ぶ人のために』世界思想社、2011年、26〜53頁。
(18) 鎌田健太郎「高等教育再拡大期における学生活動の変化――Typological Approachによる学生下位集団の時代比較」『高等教育研究』第25号、2022年、257〜274頁。
(19) 辻多聞「大学生および大学における正課外活動の位置付け」『大学教育』第16号、2019年、17〜24頁。
(20) 今井悠介『体験格差』講談社現代新書、2024年。
(21) 濱名篤編、前掲書。
(22) 山内マリコ『あのこは貴族』集英社、2016年。
(23) 妹尾麻美、前掲書。
(24) 寺地幹人「コロナ禍の大学生からみるインストゥルメンタル志向/コンサマトリー志向――公共的思考との関連の検討」小川豊武・妹尾麻美・木村絵里子・牧野智和編『「最近の大学生」の社会学――2020年代学生文化としての再帰的ライフスタイル』ナカニシヤ出版、2024年、47〜65頁。
(25) 荒木真歩「大学新規学卒者の就職活動に関する研究の動向と展望――今後の研究の発展に向けて」『東京大学大学院教育学研究科紀要』第59巻、2019年、273〜283頁。
(26) 本田由紀「「大学第一世代」の仕事への移行――期待・結果・コスト」『東京大学教育学部比較教育社会

学コース・Benesse 教育研究開発センター共同研究　社会科学分野の大学生に関する調査報告書』２０１２年、18〜28頁。

(27) 齋藤拓也「就職活動――新卒採用・就職活動のもつシステム」本田由紀編『若者の労働と生活世界――彼らはどんな現実を生きているか』大月書店、２００７年、１８５〜２１７頁。

(28) 寺地幹人、前掲書。

(29) Ivemark, B., Amborse, A., 2021, "Habitus Adaptation and First-Generation University Students' Adjustment to Higher Education: A life Course Perspective", *Sociology of Education*, 94(3): 191-207.

(30) Gable Rachel, 2021, "The Hidden Curriculum: First Generation Students at Legacy Universities", *Princeton University Press*.

(31) Gardner, S. K., Holley, K. A., 2011, "'Those invisible barriers are real': The progression of first-generation students through doctorial education", *Equity & Excellence in Education*, 44: 77-92.

(32) Hana Bahack, Audrey Addi-Raccah, 2022, "PhD first-generation and continuing generation students' academic experience and strengths", *Higher Education*, 84: 909-925.

(33) 矢口祐人、前掲書、２０５〜２１０頁。

(34) 東京工業大学ホームページ「大隅良典記念奨学金に『ファーストジェネレーション枠』を創設」(https://www.titech.ac.jp/news/2019/045346〔２０２４年10月28日取得〕)。

(35) 南川文里『アファーマティブ・アクション――平等への切り札か、逆差別か』中公新書、２０２４年。

(36) 吉川徹『日本の分断――切り離される非大卒若者（レッグス）たち』光文社新書、２０１８年。

第三章

東大卒のキャリア形成

――学歴資本は職業的地位にどうつながるか

本田由紀

東大卒業生を典型とする「学歴エリート」は、定義上、強力な「学歴資本」を手にしている存在です。そして、さらにその内部に、学部卒、修士卒、博士卒という、教育段階面での相違を含んでいます。これら二重の面での「学歴資本」は、卒業後にどのような職業キャリアと職業生活へとつながっているのでしょうか。「学歴資本」は、日本社会で色濃いジェンダーギャップを克服できるほどの効力をもつのでしょうか。本章では、世代や専攻分野にも目配りしながら、彼らが仕事の世界で何を手にしているのか、いないのかを検討してゆきます。

†「学歴エリート」の職業キャリアとは

本章では、東大卒業生のキャリア形成、具体的には職業的地位達成や仕事の内容について、検討してゆきます。東大卒という学歴が、どのような仕事上の地位の獲得に結びついているか、言い換えれば、学歴という個人にとって「資本」のような作用をもつものが、どのような利得につながっているかを把握することが中心的な目的です。

序章で触れたように、「学歴エリート」は、いったん学歴を身につければ、その学歴という特権により「庇護」された形で、高い地位が約束されていること（「庇護移動」）を特徴とするという指摘がなされてきました。「学歴エリート」という概念を必ずしも使わない諸研究においても、出身大学の入学難易度や「銘柄大」であるか否かが、卒業後の大企業就職率や収入などに影響しているという知見を、教育社会学は繰り返し示してきました。しかし、東京大学という、いわば「学歴エリート」の典型とも言える大学の卒業者にターゲットを絞った研究は、これまで行われてこなかったと言ってよいでしょう。

東大を卒業した人々において、職業的地位の「有利さ」はどれほど、どのように存在しているのか、そして東大卒業者の内部にはどのような差異が現れているのかについて、本章は卒業生調査の中で仕事に関連する質問項目への回答から透かし見ることを試みます。

必要に応じて、政府統計などで把握される、大卒者全体の状況との比較を行います。

その際に重要になるのが、卒業生をどう区分するかということです。キャリア形成の多様性を把握するためには、性別や世代はもちろんのこと、学部を卒業したあとにさらにどのような学歴を取得しているか、さらにはどのような分野で学んだかということにも注意を払う必要があります。特に性別については、ジェンダーギャップが著しいことが指摘されている日本の労働市場において、東大卒の女性たちが同じ東大卒の男性たちと比べて、どのように異なる仕事上の地位を得ているかということが注目されます。

悩ましいのは、これらの世代・性別・文理・学位という区分をすべて一度に導入すると、回答者のサンプルが小分けになりすぎるということです。それゆえ、適宜これらの区分を組み合わせながらデータを見てゆくことになります。

なお、今回の調査の回答者の中で、東大の学部を卒業した者のうち、45%が最終学歴が学部、28%が修士、24%が博士（一部、在学中を含みます）となっています（3%は無回答により不明）。この構成比に回答者内の性別による違いはありません。しかし、回答者の学部時代の所属学部を理系と文系に分けてみると、大きな違いがあります。理系は学部卒：修士：博士がほぼ3：3：4であるのに対し、文系は6強：2強：1となり、文系は学部卒の割合が理系の倍以上、理系は博士の割合が文系の4倍となっています。

こうした回答者の分野による最終学歴の違いにも注意しながら、キャリア形成を見ていきましょう。以下では、就労状態と雇用形態、職種、役職、勤務先規模、転職経験、収入、仕事の性質、学歴資本の有効性についての認識、という順番で、調査結果を紹介していきます。

†就労状態と雇用形態――働き方の分布はどうなっているか

まず、端的に現在働いているかどうかについては、1991年以降生まれの若年世代の1割、1970年以前生まれの高齢世代の3割が働いておらず、前者の多くは在学中、後者の多くは定年退職によるものであることがうかがわれます。それ以外の30代・40代の壮年層は男性の99％、女性の95％が「働いている」と回答しています。働いている卒業生が調査に回答してくれやすかったという偏りが含まれているおそれはありますが、少なくとも回答者の中では女性も含めて東大卒業生の就労率はきわめて高いということになります。

この「働いている」と答えた人だけを取り出して、どのような雇用形態で働いているかを見ると、男性の場合は若年～壮年層は9割弱が正規雇用ですが、1970年以前生まれの高齢世代になると、4人に1人が経営者・役員、1割が自営業主・自由業者、そして契約社員・嘱託が1割弱で、正規雇用は約半数です。

他方で女性については、1991年以降生まれの若年層では9割が正規雇用ですが、30代、40代、50代以上と年齢層が高くなるとともに、正規雇用の割合は8割、7割、6割と減り、代わりに多様な雇用形態が多くなります。男性回答者の中では皆無に等しい「パート・アルバイト」が、女性の30代では5%、40代8%、50代以上13%と増加し、経営者・役員も同じ世代順で3%、5%、8%と増加します。自営業主・自由業者は40代で最も多く15%、その前後の世代はそれぞれ10%です。同じ東大卒であっても、男女の働き方には相違が見られると言えます。

ビジネスの世界では最も高地位と言える経営者・役員にどれほどの割合が到達しているかを、1970年以前生まれの高齢世代に絞り、性別に加えて文系・理系や学位による違いを見てみましょう。高齢世代に占める経営者・役員の割合は、男性の文系では3割、理系では2割、女性の理系でも2割弱でしたが、女性の文系の回答者の中ではゼロでした。学位別に見ると、男性では学部卒と修士のいずれについても高齢世代の経営者・役員比率は3割で、博士の場合は1割弱です。女性については、学部卒・修士・博士の順に経営者・役員は5%、7%、10%と上昇しますので、男性とは学位と経営者・役員比率の関係が逆転していることになります。

あくまで今回の調査回答者について経営者・役員という切り口から見た限りではありま

すが、ビジネスの領域における東大卒の成功確率は、男性の方が女性よりも明らかに高く、また男性の内部では文系や学部卒・修士において高いのに対し、女性の内部では理系や博士において相対的に高くなることがうかがわれます。

職種――どんな仕事をしているか

就労状態や雇用形態は外形的な変数ですので、もう少し仕事の中身に踏み込んでみましょう。

現在働いている者に職種をたずねた結果を見ると、4割と最大のボリュームを占めているのは、「専門職」です。次いで「管理職」が2割、そして「技術職」と「事務職」がそれぞれ1割強で続きます。あくまで今回の調査の回答者の中ではありますが、東京大学とは、実は専門職を大規模に養成している教育機関であることがわかります。入学者のジェネラルな学力の高さのイメージが強い東京大学ですが、そこで学んでから社会に出てゆく人たちの中には、特定の分野の専門人材が大きな比重を占めているのです。

この専門職の割合を、性別、文系・理系別および学位別に見ると、女性では2人に1人と男性の約4割を上回っており、また文系では3人に1人、理系では2人に1人が専門職です。そして学部卒では2割強、修士では3割強ですが、博士卒では8割以上までを占め

図表3-1　性別・年齢層別　職種（%）

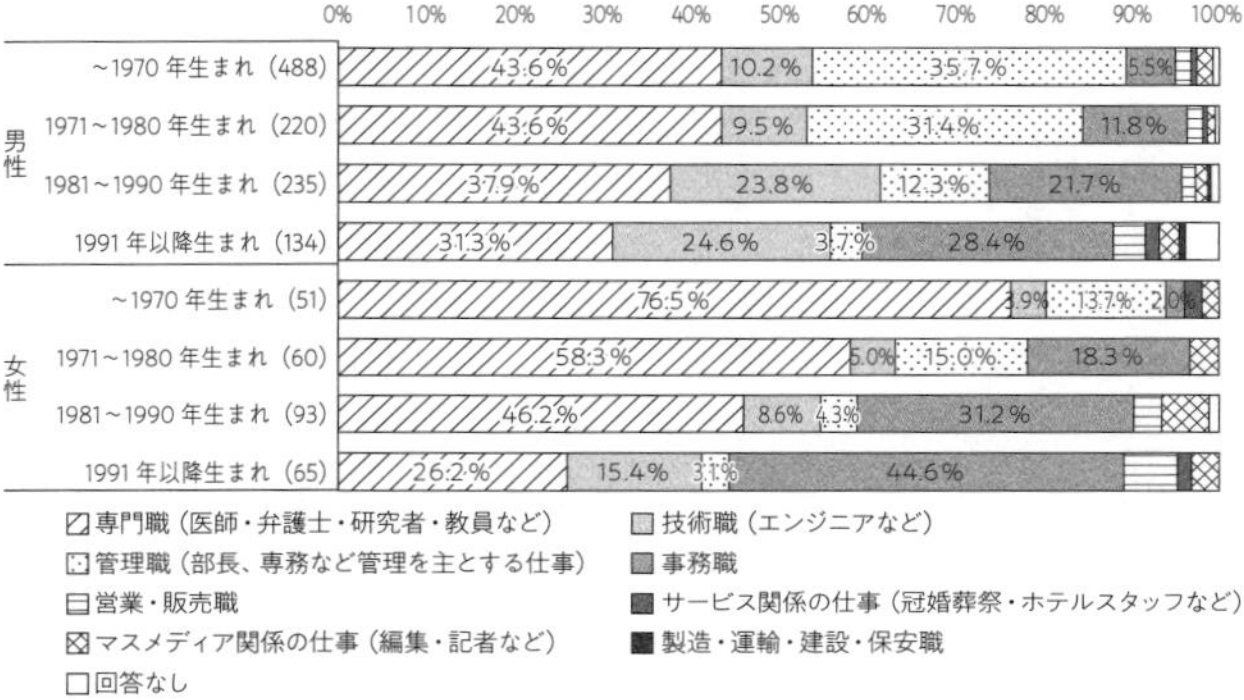

ます。当然とも言えますが、修士と博士の間の相違が大きく、特に博士学位を取得した場合に、多くが専門職に就いていることになります。

職種の分布を、性別・世代別に示したものが図表3－1です。男性は高年齢層ほど専門職と管理職の割合が大きくなり、最高年齢層ではそれぞれ4割強、4割弱を占めています。逆に若年層ほど技術職と事務職が多くなります。女性では高年齢層ほど顕著に専門職が多く、最高年齢層の回答者では4人に3人までを占めます。若年層では事務職が多くなります。男性との違いは、高年齢層では管理職が少なく、若年層では技術職が少ないことです。

では、東大卒業者の中でかなりの割合を占めている「専門職」とは、具体的にはどのような仕事でしょうか。自身の現職を「専門職」と回答した人たちが、仕事内容を記述してくれた結果を分類すると、約半数が「研究者、大学教員」、1割強が会計士やコンサルタントなどの「ビジネス系専門職」、約1割が「医師」、1割弱が「弁護士」、5％が学校教員や塾講師などの「教育系専門職」という結果でした。

理系に限れば「研究者、大学教員」が6割を占め、逆に文系では「ビジネス系専門職」と「弁護士」がそれぞれ2割以上と多くなります。学部卒の専門職は3人に1人が「ビジネス系専門職」ですが、博士では8割弱が「研究者、大学教員」です。東京大学が総合大学であることを反映して、「研究者、大学教員」が専門とする分野も、人文系、社会科学系、自然科学系という形でバラエティに富んでいます。

このように、性別、分野や学位によっても異なりますが、「研究者、大学教員」を中心としつつ、それ以外にも非常に多様な専門職を東京大学は社会に送り出していることがわかります。男性に多い経営者・役員というビジネスエリートだけでなく、さまざまな領域の専門エリートを東京大学は育成しており、卒業生の中でも特に女性は、東大卒という学歴資本だけではなく、それに加えて学位や資格、専門知識という武器を身につけてキャリアを築いていると言えます。

むろん、学歴資本と専門性がかけ合わされることで、東大卒の専門職がいっそう有利になっている可能性は否定できません。それでも、東大卒の中のかなりの割合が、人生初期に身につけた学歴資本の有効性だけで勝負しようとしているわけではなく、それ以外の諸資本をも獲得し活かそうとしていることは銘記する必要があるでしょう。

†役職――どのくらい「偉く」なっているのか

専門職は個人として自律的に仕事をしている場合が大半なので、組織内の役職の高さが、必ずしもキャリア形成に大きな意味をもっているわけではありません。他方で、専門職以外で企業などの組織に属して働いている場合は、役職が地位の指標として重要になります。

そこで、専門職以外の形で働いている人を取り出して、まず現在の役職を世代別・性別に示した結果が図表3-2です。

特に高齢世代の女性は専門職が多いため、それを取り除くと回答者数が少なくなってしまうことには注意が必要です。その上で、図表3-2において「役職には就いていない」という回答の割合に注目すると、全体としては世代が高くなるほどこの割合は減り、上の世代ほどより高い役職に就くようになっている傾向が確認されます。そして、各世代の男女間で比較すると、どの世代でも女性の方が「役職には就いていない」割合が高いことが気になります。「役職には就いていない」と「係長相当」を合わせた割合についても、やはり女性の方が多くなっています。

図表3-2　年齢層別・性別　役職（%）

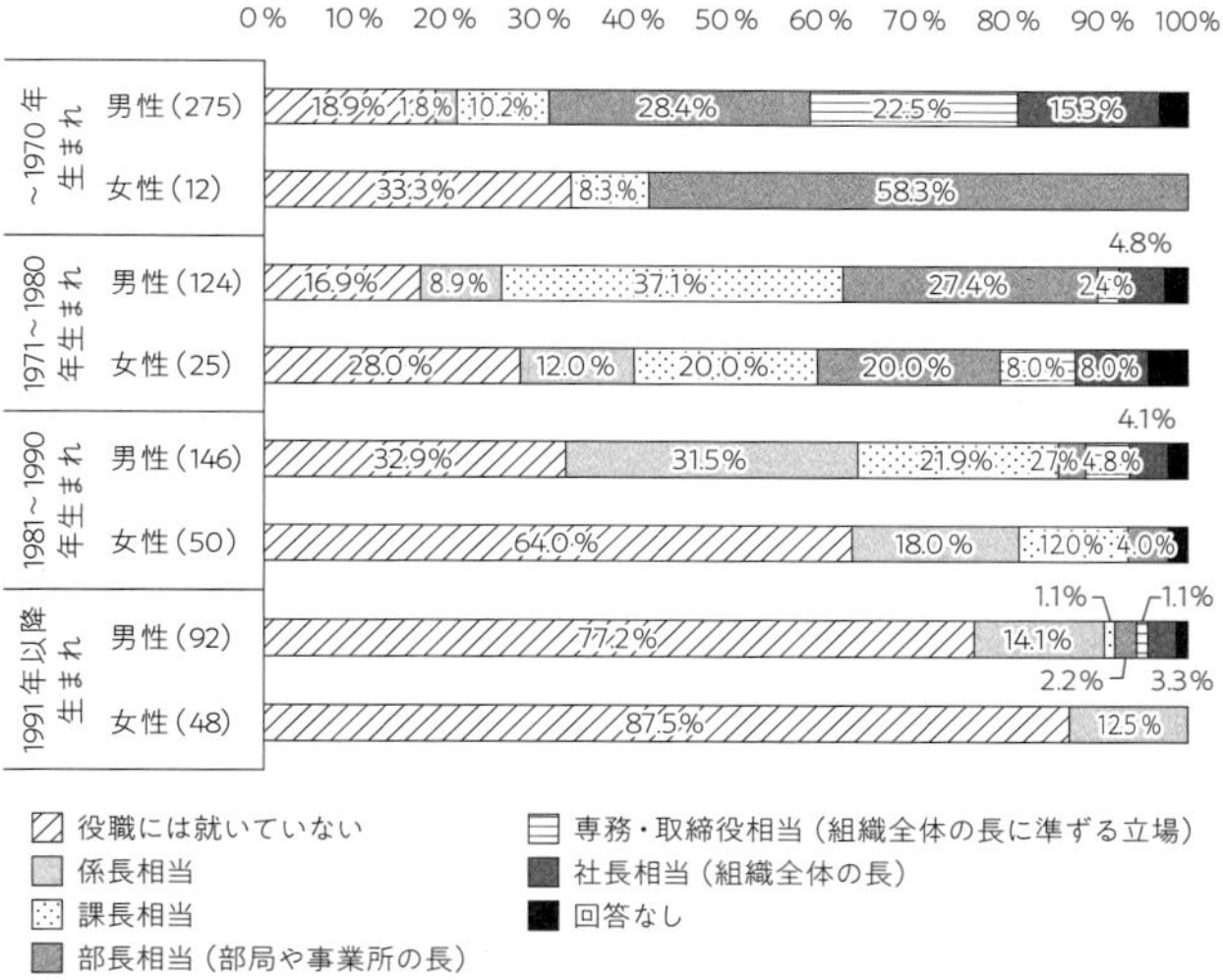

特に、調査時点でほぼ30代にあたる1981～90年生まれの世代で、男女間の差が顕著です（この世代のみ男女間に統計的に有意な差があります）。30代と言えば、結婚や出産など、家庭をもつようになる年齢層です。第四章で検討するように、東大卒の女性もかなり高い割合が結婚して子どもをもっていますので、この世代はそのような状況の中にあります。日本の女性たちが、家庭責任を担わされていることにより、企業組織の中で責任ある地位に就きにくいということについては、繰り返し指摘されてきました。女性たちの側も、家庭と両立しやすいような働き方や配属先を自ら選択しがちであるとも言わ

れてきました。図表3‐2の1981〜90年生まれ世代の役職分布には、そうした日本の労働市場のジェンダーギャップが刻印されているように見えます。

最高齢世代である1970年以前生まれ世代についても、男性では「社長相当」や「専務・取締役相当」が合わせて4割近く含まれているのに対し、今回の調査回答者の女性については、この世代でそれらのいわゆる経営層に就いている人はいません。それよりひとまわり若い、1971〜80年生まれのほぼ40代の世代では、むしろ女性の方がこれら経営層に就いている割合が男性よりやや多くなっていますが、これは「女性活躍」による抜擢がこの世代に表れていることを意味しているのかもしれません。

東大卒という学歴資本をもってしても、特に子育て最中の30代という年齢層において、日本のジェンダーギャップの著しさを打破するにはいたっていないというのは残念なことです。

†勤務先の規模——大企業に就職しやすいのか

続いて、就労者の勤務先の規模を見てみましょう。日本の労働市場においては従来、従業員数の多い大企業のほうが、賃金や福利厚生などの条件が良いことが知られています。

今回の調査回答者の中では、勤務先の従業員数が1000人以上5000人未満の割合が20％、5000人以上が24％、官公庁・公立学校等の公務員が14％となっており、これらを合わせると6割弱を占めます。

これを東大卒以外と比較するために、2022年の就業構造基本統計調査から、最終学歴が大学・修士・博士である者の勤務先従業員数の分布を見たところ、従業員数1000人以上が26％（5000人以上の区分は無し）、官公庁などが15％で、合わせて約4割となっています。ここから、今回の東大卒調査の回答者の方が、民間の大企業に勤務している割合が一般の大卒以上全体と比べて2割ほど高いということになります。大企業に就職する上では、東大卒という学歴資本は有利に働くようです。

調査回答者の中で、勤務先規模を性別、世代別、文理別、学位別に検討すると、まず男女別では男性の方が5000人以上の割合が女性よりも5％ほど高く、女性は官公庁等の割合が男性よりも3％ほど高いですが、顕著な違いはありません。

世代別では、30代以下では5000人以上の割合が約28％ですが、40代以上では約20％と、相対的に若い層で超大企業の割合がやや高くなっています。この理由としては、2つの仮説が考えられます。

1つは、東大卒は新卒時にこうした大企業に就職しやすいという効果が若年層では残っているのに対し、次節で見るように高年齢層では独立や転職により他企業に転出しているケースが一定程度あるということです。もう1つは、40代・50代が新卒で就職した時期が1990年代半ばから今世紀初めまでの「就職氷河期世代」(企業、特に大企業が新卒者の採用を非常に抑制していた時期)と重なっていることによる影響が、東大卒にもやや及んでいるということです。

これらの仮説を厳密に検証することは困難ですが、むしろ若年層において超大企業に勤務する者がやや多いということは、東大卒という学歴資本の効果が趨勢的に衰えているわけではないことを示唆しています。

また、文系か理系かによる勤務先規模の相違はほとんどありませんが、学位による差はやや見られます。学部卒と修士では5000人以上の企業の割合がそれぞれ25%と29%で、官公庁等はいずれも10%前後であるのに対し、博士では5000人以上の割合は15%と少なくなり、代わりに官公庁・公立学校等が25%と多くなります。これは、すでに見たように博士学位取得者の中には研究者や大学教員である者が多くを占めているため、公的な研究機関や国公立大学に勤務しているケースがかなり含まれることを反映していると考えられます。

いずれにしても、東大卒業者と大企業および官公庁等との結びつきは、総じていまだにかなり強いことは確かなようです。すなわち、こうした組織への就職という局面においては、東大卒の学歴資本が「庇護」的な機能をいまだに発揮していると言えるでしょう。

転職経験――内部労働市場にとどまっているのか

しかしこのことは、東大卒業者がそうした組織に長期雇用されていることを必ずしも意味しません。これまでの転職回数をたずねた結果を、図表3－3に示しました。「転職したことはない」者も半数弱を占めていますが、過半数は転職しており、3回以上転職した者も約2割います。この転職回数には、性別と文系・理系による差はほとんどありません。しかし世代と学位による違いは明確に見られます（図表3－4）。

図表3-3　転職回数

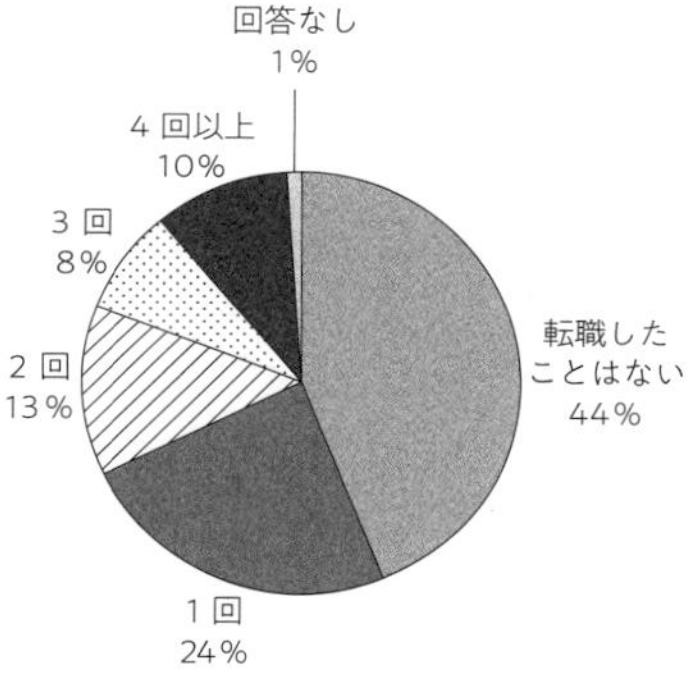

世代による差が出るのは、卒業してから仕事をしている期間が長くなるため、その間に転職回数も増えるという、当然の現象ではあります。それでも、1980年以前生まれの2つの世代では、2回以上転職している割合が合計4割近くに達しており、4回以上も1割を超えています。そのため40代以降の東大卒の労働移動はかなり活発であると言えます。

図表3-4 世代別・学位別 転職回数

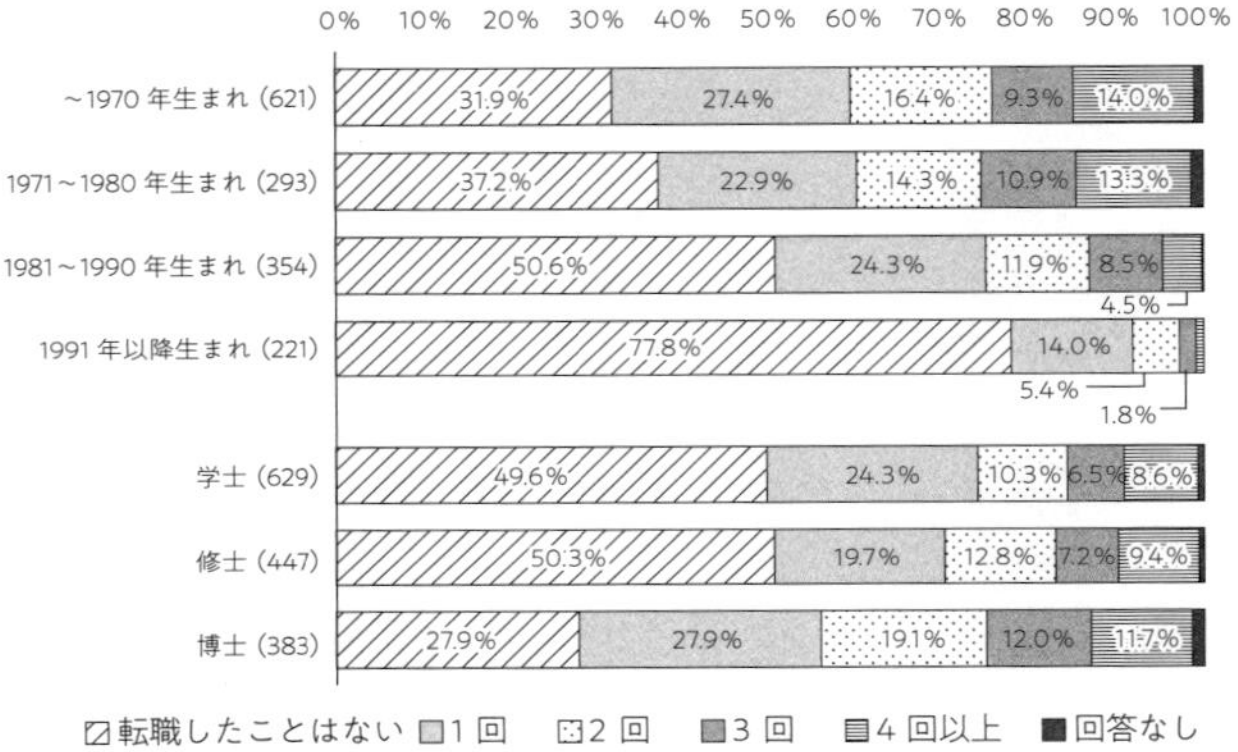

また、学位については、学部卒と修士の間には転職回数にほとんど違いはありませんが、博士では2回以上の転職経験者が合計4割を超えています。やはりこれも、博士学位をもつ東大卒の多くが研究者や大学教員として仕事をしており、こうした職種は組織間の移動が珍しくないことを反映していると言えます。それが確認されるのは、職種別に転職回数を見ると、専門職のみが「転職したことがない」割合が3割台で他の職種と比べて顕著に少ないということです。

東大卒業者は「学歴エリート」であると同時に、その中の半数弱は専門人材でもあるということはすでに述べました。学歴という資本は大組織への所属を有利にしますが、専門職という資本は組織間を渡り歩きながら個人のキャリアを追求する際に有利に働きます。後者のタイプのキャリアを歩

図表3-5　世代別・性別　月収（平均値・標準誤差）（万円）

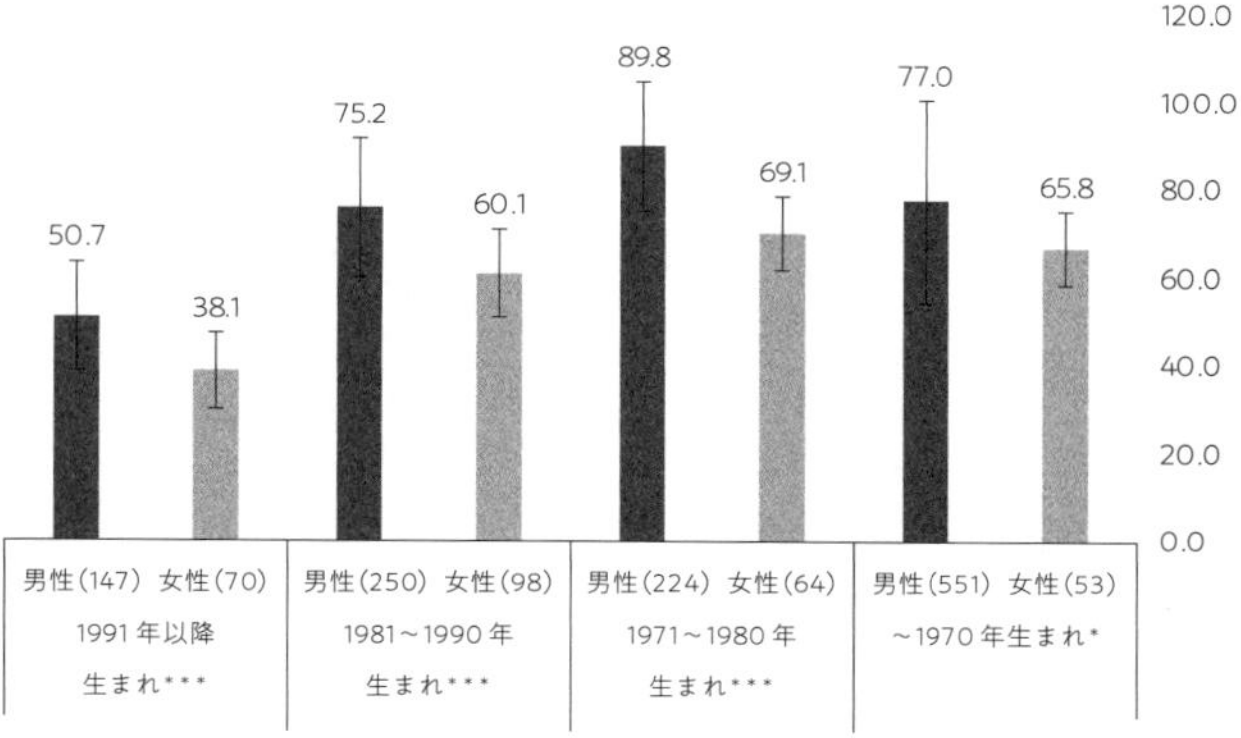

む人々は、特定の組織の中で「庇護」され続けているわけではなく、流動しながら自分の生きる場、自分を活かせる場を探していることがうかがわれます。

†収入——高い報酬を得ているのか

では、こうした職種や役職、勤め先や転職経験は、東大卒にどのような収入水準をもたらしているのでしょうか。今回の調査では、働いている人に対して、1カ月あたりの収入（税引前・諸手当込み）を10万円刻みの選択肢でたずねています。まず単純に回答分布を見ると、月収100万円以上の割合が3割を超えていることは注目されますが、それ以外は幅広く分布しています。各選択肢の幅の中央値を収入の近似値とみなして、まず世代別・性別に平均値を図表3-5に示しました。

最高年齢層でやや月収が低くなるのは、この世代においては正規雇用の割合がそれ以前の世代よりも下がることを反映していると思われます。そして注目されるのは、どの世代でも男性より女性の方が収入が低く、特に壮年期の２つの世代ではその差が大きくなっていることです。先に見た役職と同様に、同じ東大出身者であったとしても、子育て期にあたる30代・40代において特に、男女間の収入格差が明確に発生していることは、日本社会のジェンダーギャップの根深さを物語っています。

東大卒業生の内部で見ると収入のジェンダー格差は明確ですが、それを東大卒業生以外、すなわち日本の大卒者全般の収入水準と比較してみた結果が図表３‐６です。上段の数値は東大卒業生調査から学部卒のみを取り出して月収の平均値を算出したもの、下段の数値は２０２３年度に厚生労働省が実施した賃金構造基本統計調査から、学歴が「大学卒」である者の月収の平均値を示したものです。賃金構造基本統計調査は年齢層が５歳刻みになっていますので、東大卒業生調査の４つの世代と年齢層がほぼ対応するように上下に配置しました。

この表によれば、東大卒業生の収入水準は、日本の大卒

収の比較（万円）

～1970年生まれ				
76.7				
51.5				
50～54歳	55～59歳	60～64歳	65～69歳	70歳～
52.5	54.3	40.9	39.1	38.7
39.3	40.7	35.0	32.1	31.4

図表3-6　東大卒業生調査（学部卒）と賃金構造基本統計調査（大卒）の月

東大卒業生調査（学部卒）		1991年以降生まれ	1981～1990年生まれ	1971～1980年生まれ
	男性	52.7	73.9	93.7
	女性	36.8	63.1	67.7

賃金構造基本統計調査（大卒）		20～24歳	25～29歳	30～34歳	35～39歳	40～44歳	45～49歳
	男性	26.5	32.1	36.4	41.9	45.7	49.1
	女性	25.5	28.8	31.0	33.1	34.6	36.2

註：賃金構造基本統計調査は2023年度の結果。金額は「決まって支給する現金給与額」。

者全体と比べてかなり高いということがわかります。もちろん、東大卒業生調査の回答者が高収入者に偏っているおそれがあることにはここでも注意が必要です。あくまで調査回答者に関してではありますが、特に30代・40代の壮年期については、同じ性別どうしで比較すると、東大卒業者が大卒者全般の倍近い収入水準になっている場合もあります[1]。

また、東大卒女性は大卒男性全般と比較しても収入水準が上回っています。後述するように、こうした東大卒業生の収入には、勤務先企業規模や職種が反映されていると考えられます。

図表3－6の下段からは、日本の大卒者全般の収入におけるジェンダー格差を読み取ることができます。こうした格差は女性の経済的自立を阻害すると同時に、日本経済が女性のもつスキルや発想を賃金で報いる形で活かせていないという点でも大きな問題がありますので、全体的な変革

が必要です。その中で、東大卒という学歴資本を手にしている女性は、大卒男性全般よりも高い収入水準を得ることができているという、希少な存在でもあると言えます。ただしそのことを、特権とみなして他の人々を見下すような考えになってしまうことは間違いです。

再び東大卒業生データに戻り、収入に影響する可能性がある要因を一度に投入した多変量解析（重回帰分析）を行うことにより、各要因の影響力を男女別に検討してみた結果が図表3－7です。勤務先規模について「大企業勤務」というのは従業員数1000人以上の民間企業に勤めていることを表す変数、また親学歴について「大学第一世代」とは、第2章で検討した、両親のいずれも大卒ではないことを表す変数です。表の中でアステリスク（＊）もしくはプラス（＋）の記号がついている項目は、収入との統計的関連が見られた項目で（＋は弱い関連）、数値と符号は影響関係の大きさと正負（月収が何万円上下するか）を意味します。

世代すなわち年齢が収入と関連する（このデータでは1971～80年が高くなる）ことは、先の図表3－5でも確認されていました。それ以外に、大企業勤務であることおよび管理職であることは収入と強い正の関連をもっています。特に女性の場合に、管理職であることによる収入増加効果が男性よりも大きいことが注目されます（男性では22・8万円増、女性

図表 3-7　性別　月収の規定要因（数値は非標準化係数）

		男性	女性
	（定数）	39.2 ***	24.4 ***
世代（基準：1991 年以降生まれ）	～1970 年生まれ	19.7 ***	21.6 **
	1971～1980 年生まれ	29.6 ***	28.2 ***
	1981～1990 年生まれ	20.7 ***	20.6 ***
分野（基準：理系）	文系	1.7	3.9
学位（基準：学部卒）	修士	1.9	0.7
	博士	−0.4	4.8
出身地	東京圏出身	−3.2 +	−4.0
親学歴	大学第一世代	−3.9 *	−0.4
高校設置者	私立・国立	3.9 *	8.9 *
勤務先規模	大企業勤務	14.6 ***	11.9 **
職種	管理職	22.8 ***	31.8 ***
	専門職	4.3 +	11.5 **
転職経験（基準：転職経験なし）	1 回	4.6 *	−1.6
	2 回以上	3.3	−2.0
子ども数		1.0	−2.0
	N	1171	284
	R 二乗	0.219	0.229

では31・8万円増）。なお、子ども数は男女とも収入に影響するとは統計的には言えない結果になりましたが、係数の符号は男性で正、女性で負になっています。

それに加えて、男性と女性の間で異なる影響関係が存在することが、図表3－7からは見出されます。男性の場合は、「大学第一世代」である場合に収入がやや少なくなります（月収で3・9万円減）。なぜ男性の「大学第一世代」で収入が少なくなるのかについて、本章ではこれ以上詳しいメカニズムの分析をする材料がありませんが、推測するに、たとえば親世代が大卒ではないことにより就職活動や企業内でのふるまい方などがやや不利になっている可能性が考えられます。女性では「大学第一世代」の影響が表れない理由は、女性はそもそも「大学第一世代」の割合が少なく、女性全体のケース数が少ないことなどが関係しているかもしれません。

また、男性では転職経験が1回の場合に、転職しなかったケースと比べて収入が高くなります（月収で4・6万円増）が、2回以上の転職にはそうした効果はなく、女性では転職経験と収入の間には統計的に意味があると言える関連はありませんでした。

男性では転職経験が1回の場合に収入が上がるという傾向は、開成高校と灘高校から東大を経て仕事をしている者を分析した、教育社会学者の濱中淳子の研究でも同様に表れていました。(2) こうした傾向の理由として濱中は、1回の転職が「さらに高い評価を受けるような「ねらいを定めた転職」」であるからではないか、と解釈しています。東大卒業生の、特に男性にとっての転職が、より良い条件の仕事に移っていくという積極的な意味合いの転職であることをうかがわせます。一つの組織の中で「庇護」され続けることは、収入面では有効な策ではないようです。

ただし、女性ではこうした1回の転職の効果は表れていません。ライフイベント等からの影響を受けがちな女性にとっての転職が、必ずしも「ねらいを定めた」ものとは限らないことがうかがわれます。

逆に、男性では影響関係が弱いが女性では表れるのが、専門職であることの収入増加効果です（月収で11・5万円増）。ジェンダーギャップが著しい日本の労働市場の中で、東大卒という学歴資本に加えて専門職という資本も備えていることが、女性の中では収入面で有利に働くようです。一方、職種をコントロールすると、男女ともに東大卒の中では修士や博士であることによって学部卒よりも収入が高くなる効果はほぼ見られません。せっかく取得した学位が特に収入には反映されにくいことについては、日本の労働市場の問題点としてすでに指摘されています。

図表3-7について、もう一つ目を引く結果が、出身高校の設置者の影響です。男女ともに、出身高校が私立・国立である場合に、それ以外の公立高校出身者等と比べて収入が

高くなる傾向があるのです（男性で3・9万円増、女性で8・9万円増）。

これについても、なぜこうなるのかはこの分析からだけではわかりません。推測ではありますが、東大に入学者を多く出している私立や国立の高校の多くは中高一貫校であり、そうした6年間の学校経験に基づく社会関係資本（友人知人のネットワーク）や、文化資本（特定の好み・趣味や立ち居振る舞いなど）が、大学を経由して社会に出てもなお有利さを発揮している可能性があります。

先に触れた濱中淳子の研究でも、開成・灘の卒業生のうち、「中高時代の人脈」が仕事に役立ったと答えた者は、収入が高くなっています。(3) また、今回の調査では回答者の出身家庭の裕福さは質問していないのですが、私立や国立の高校に子どもを通わせることができる家庭は、経済的にも富裕であった可能性は高いと言えます。同じ東大卒であったとしても、東大入学前の高校や中学、さらにはその背後にある出身家庭のあり方——前述の「大学第一世代」もここに関係します——により、大学卒業後の収入が影響されてしまうという、悲しくなるような結果がここには表れています。第一章・第二章でも引用した、以下のような自由記述が体現している格差が、在学中のみならず卒業後にも存在し続けているおそれがあります。

東大生には大きく2種類いました。1つは首都圏出身で中高一貫私立出身の人たち。彼らは、親が大企業につとめていて、小さい頃から教育や文化資本に恵まれ、卒業後には有名企業や高収入の仕事に就くことを最初から計画しているようでした。一方、もう1種類は地方出身でなんとなく東大に入った人たち。私は後者で、ただ勉強が好きだったので面白い人たちに出会えるかなと思って東大に入った。(…)そしてなにより、地方出身者と、首都圏中高一貫出身者のあいだには大きな分断があり、交わることがなかった。彼らの方が、地方出身とは付き合うメリットがないと区別していたのだと思う。大学時に交際した人も、仲良くなった人も、みな、地方の県立高出身者だった。東大は、学費の高い私立や、小学校からエスカレーター式で入れる慶應などと違って、親の収入に左右されずにさまざまな個性的な人たちが集まる場所だと勝手に幻想を抱いて入学した。が、実際にはそんなことがなかった。明らかに階層があった。これを解消してほしい。

†仕事の性質——どのように感じながら働いているのか

仕事や職場の性質や中身について、より詳しく質問した結果についても検討しておきましょう。仕事の性質に関する質問の中で、「仕事にやりがいを感じる」「職場の人間関係が良好である」「新しいことに挑戦する機会が多い」「仕事の進め方に自分の意見を反映させられる」「自分の知識やスキルを発揮している」「総合的にみて勤め先で高く評価されている」というポジティブな諸項目については、働いている回答者の中で総じて8〜9割が「とても当てはまる」もしくは「やや当てはまる」と回答しています。これらの点では東大卒業生は望ましい形で仕事をしていることがうかがえます。

これらよりも肯定する回答の割合がやや下がるのが「大学・大学院で学んだことを仕事で活用している」という項目で、「とても当てはまる」と「やや当てはまる」がそれぞれ約3割ずつとなっています。この項目については性別による回答の差はありませんが、高年齢世代、博士号取得者、理系、そして専門職において肯定的な回答が多くなっており、博士号取得者の9割、専門職の8割以上が肯定しています。

高年齢世代ほど肯定する回答が多いのは、大学で学んだことを活用できる機会が、長く働いている中で蓄積される傾向にあることを示唆しています。単なる学歴資本だけではなく、具体的な知識やスキルという形で大学教育を仕事に活かしている卒業生が一部に確実に存在していることがわかります。

一方、肯定と否定の回答がちょうど半分ずつに分かれるのが「ストレスが大きい」という項目です。この項目と関連する他の項目を探索してみましたが、明確に傾向が出る項目はあまり見つからず、ある程度言えそうなのは、最高年齢世代、1人で仕事をしているケースなどでややストレスが少なく、高収入層でややストレスが多いということでした。ストレスの多さ・少なさは、個別の仕事や組織の状況に左右されるようです。

†仕事における自身の性別の有利・不利

さらに、今回の調査では、仕事上で「あなたの性別であることで不利さを感じる」「あなたの性別であることで有利さを感じる」という2つの質問項目を設けています。この2つの項目については、別々にではなく組み合わせてみることを試みます。それぞれを肯定か否定かに二分して組み合わせると、「不利でも有利でもない」（不利×有利×）、「不利ではなく有利である」（不利×有利○）、「不利であり有利ではない」（不利○有利×）、「不利でも有利でもある」（不利○有利○）という4つの回答タイプをつくることができます。その割合を、男女別に示したものが図表3－8です。

男性では「不利×有利×」が8割近くを占め、続いて「不利×有利○」という、男性であることの優位性を享受している回答が約17％であり、これらいずれも「不利ではない」という回答が大半となっています。「不利でも有利でもない」という回答は、日頃の仕事生活の中で自身の性別などを特に意識せずにすんでいることを意味しており、東大卒男性の8割までがそのような状態にあります。

図表3-8　性別　自身の性別であることの有利・不利

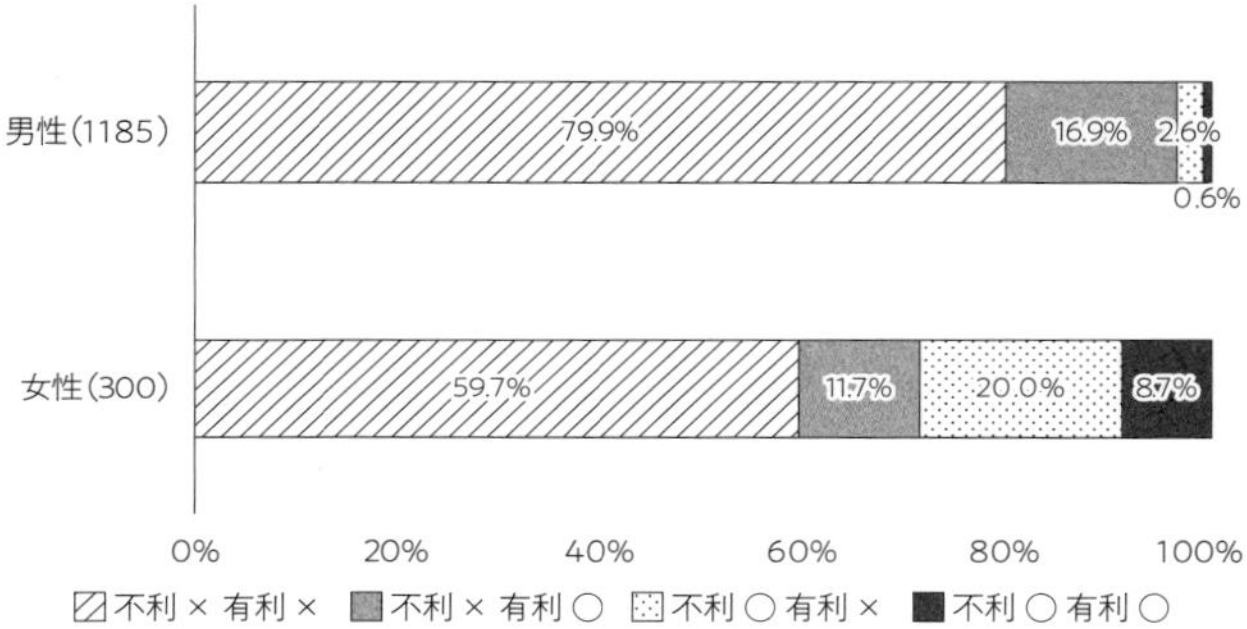

女性でも、この「不利×有利×」は約6割と過半数ではありますが男性よりは少なく、そのぶん、「不利×有利○」が1割強、「不利○有利×」が2割、「不利○有利○」が1割弱と、合わせて4割は自身の性別を意識して仕事をしている状況に置かれています。ジェンダーギャップが甚だしい日本の中でも、東大卒女性の1割が「不利×有利○」と有利さのみを感じているのは、いちおう「女性活躍」が叫ばれるようになっている中で、むしろ女性であることにより抜擢されたり可能性を発揮できたりしている女性も一部には存在することを示しています。この割合は、30代・40代の壮年層において、若年層や高年層よりもやや高めです。

しかし、「不利○有利×」という、不利さのみを感じているケースの方が、その2倍の割合を占めています。東大卒という学歴資本を身につけていても、性別という属性の足枷を感じ続けている女性たちです。この割合は、女性の中で文系（16％）よりも理系の場合に多くなっていました（27％）。
これも推測ではありますが、日本では理系分野を専攻する女性が少ないことが大きな問題となっています。それを是正するために、いくつかの大学では理工系学部に「女性枠」が設定されるようになっています。しかしそうした学部や「女性枠」の定員数はいまだ微々たるものであり、まだ理系、特に工学系などは圧倒的に男性が多い現状です。そうした「男職場」の中で仕事をしているであろう理系の東大卒女性は、マイノリティであることのさまざまな不利さを実感せざるをえないのだろうと考えられます。
そのことは、女性の回答者による以下のような自由記述にも表れています。

卒業後、所謂「東大卒」らしい人生を歩んでいないことで心無い言葉をかけられることが稀にあります。発言者は例外なく男性です。

東京大学というよりは、日本は男女差別がきっとあと100年経ってもなくならないと感じています。女性は男性より一万倍賢く、マルチタスクに長けていないと男性と同じようには働けません。社会の壁は厚いと思います。

そして「有利〇不利〇」という、有利さも不利さもないまぜになった仕事環境の中で生きている女性も1割弱存在します。そうした明暗をまったく意識せずにいられる男性が8割であることとは大きく異なる実情に、東大卒女性は置かれていると言えるでしょう。

†学歴資本は有効か

最後に、学歴資本の有効性を直接たずねた質問を検討します。これについては、「東京大学（大学院）を卒業（修了）したという学歴が役に立っている」と「東京大学（大学院）を卒業（修了）したという学歴により仕事上で不当な扱いを受けたことがある」という2つの項目を設けていました。後者の質問については、回答者の約9割が否定していましたので、東大卒の学歴により差別されたりするということはほとんどないと言ってよさそうです。

しかし、前者の質問については、6割が肯定的回答（「とても当てはまる」2割、「やや当てはまる」4割）、4割が否定的回答（「まったく当てはまらない」1割強、「あまり当てはまらない」3割弱）という形で、一定の分化が生じていました。この回答に影響する要因を探索したところ、世代や性別、文系理系などによる明確な違いはほぼ見られず、ある程度はっきりした傾向が見出されたのは、職種については専門職および管理職、学位については博士号取得者において、「東大卒の学歴が役に立っている」という回答が相対的に多いということです。専門職・管理職や博士では肯定的回答が約7割を占めていました。それに対して技術職（エンジニア）や事務職では、肯定的回答は4割台にすぎません。

ケース数は少なくなりますが、専門職の中をさらに細かく職種別に見ると、弁護士では8割弱、研究者・大学教員では7割強が肯定しているのに対して、医師では肯定率は5割強に留まるなど、やや濃淡があります。ここからうかがわれるのは、総じて専門職では国家資格や学位が仕事をする上で重要になりますが、それに加えて出身大学という学歴資本も、そうした資格や学位にいっそうの付加価値をつける形で「役に立つ」場合がかなりあると同時に、その付加価値の大きさは専門職の職種によっても幅があるということです。

管理職についても、さらに細かく役職別にみると、「役職なし」や係長相当では肯定率は4割台に留まりますが、課長相当では7割弱、部長相当では約8割、社長相当では約9割と、職階の上位になるほど学歴資本の有効性に対する認識が高まります。この結果が、実際に組織内で学歴資本が威光を発揮して上位の役職に就いたということなのか、それとも上位の役職に就いた人が主観的に学歴資本が役立ったのだろうと考えているのか、それは今回の調査だけではわかりません。

しかし、専門職と管理職の結果を合わせて考えると、総じて、何らかの「権威」を必要とするようなポジションを得るにあたって、実質的な知識やスキルに加味される形で学歴資本が有効性を発揮しているという理解が当てはまりそうです。学歴資本「だけ」で生きていけるような甘い世の中ではない。しかし、学歴資本が他の要素とからみ合いつつ威力を発揮する場合がある。そうした複雑な関係が実態なのであり、大学名という学歴資本によりその後の人生が「庇護」されるという「学歴エリート」への見方は単純すぎると言えるでしょう。

†まとめと提言

以上、本章では、東大卒業生の職業キャリアの実態、それがどれほど「有利」なのか、そして東大卒業生内部でどのような差異が生じているのかについて検討してきました。

主な知見を改めてまとめ直すならば、第一に、東大卒業生は、役職、勤務先の規模、収入などの点で、日本の大卒者全体の中でも有利な存在であることは否めません。第二に、そうした有利さは、出身大学のネームバリューによって「庇護」されているという側面のみならず、東大卒業生が専門性に基づいてさまざまな専門職に就いたり、組織間を移動したりするという、プラスαの積極的な行動によって獲得されたものでもありました。第三に、東大卒業生の中にもさまざまな相違が見られ、特に女性は同じ東大卒の男性と比べて収入等の面で相対的に不利になりがちです。そうした不利さを東大卒女性が補うためには、学位や専門職という、やはりプラスαの「強み」が有効に働いていました。

また、分析から見出された重要な知見として、出身家庭の影響すなわち「大学第一世代」であることや、出身高校の特性などが、卒業後の職業キャリアに対しても影響を及ぼしているということが挙げられます。東京大学で学んだという経歴を以てしても拭い難い、人生初期の格差の存在が確認されたことになります。

こうした知見から、東京大学や日本社会に対していかなる示唆や提言が得られるでしょうか。まず、東大卒業生は、東京大学に入学するまでの主に学業成績をめぐる「競争移動」と、卒業後の積極的なプラスαの獲得行動という、二重の〝努力〟によって日本社会内で有利な地位の獲得にいたっています。それは、自身の地位に対するメリトクラティックな正当性の実感につながっているでしょう（この点については第五章も参照）。

しかしそれが驕《おご》りや、それを可能にした条件に恵まれなかった人々への見下しにつながっているならば、そのような人々が高い地位に就いていることが日本社会全体に及ぼす弊害はきわめて大きいものになります。実際には、家庭背景や教育環境などに支えられた東大入学であり、また大学名の支えがあってこそプラスαの効力も発揮できた面があるにもかかわらず、自身の〝能力〟や〝努力〟だけで現在の地位を得たかのように考えることは、事実の誤認に外なりません。

東京大学は、卒業生の「製造者責任」を担うためにも、日本社会における教育格差や職業格差の実情と、その中で東京大学がいかなる位置づけをもつかについての教育を、理系を含む教育課程の中にしっかりと組み込む必要があるでしょう。2003年に制定された東京大学憲章は、「日本国民からの付託に応えて日本社会に寄与する」ことを前文に掲げています。卒業生が有利な地位を貪るだけでは、付託に応えて社会に寄与することはできないというメッセージを、東京大学そのものが責任をもって学生たちに繰り返し伝えてゆくことが不可欠です。

第二に、東京大学は、ジェネラルな優秀さや大学名のシンボリックな価値のイメージが社会の中では強いと思われますが（序章を参照）、実際には、東京大学は巨大な「専門職産出機関」でもあるということを、より強く社会に対して発信してゆくことが必要であると考えます。

日本社会は専門性が低く見られがちな社会ですが、実際には学術的な専門分野に立脚し資格試験や学位などに裏付けられた知識やスキルによって社会の骨格が成り立っています。東京大学はそうした側面において果たす役割が大きいという実態を、日本社会や将来の東京大学入学者に対して明確に伝えることが求められます。それにより、社会全体における専門知識への敬意・尊重や、若い世代の進路選択への考え方に対して、実情に即した是正に寄与できると考えます。

また、特に地方に在住する女子高校生が東京大学など難関大学を受験する傾向が低い理由として、「資格重視傾向」が指摘されています[4]。東大の、特に女性の卒業生の中には、資格や学位、そして専門職という職種を通じて、仕事の世界で地歩を築いている人々がかなり多く含まれるという事実を女子高校生らにもっと伝えてゆくことで、彼女らに東京大学を選択肢としてもらい、ひいては学生のジェンダー構成面での改善につなげてゆくことができるかもしれません。

第三に、東京大学の学生も卒業生も一枚岩ではないことが、今回の分析によって確認されました。東京大学という場においてマジョリティでありその恩恵を効率的に享受できるような層の学生や卒業生が存在する一方で、属性や経歴の面で陰に追いやられがちな属性や経歴の学生や卒業生も存在します。現在の東京大学は構成メンバーの「多様性」を掲げていますが、そうであるならば、その「多様性」の中で相対的にマイノリティである人々が置かれている状況の詳細な把握と、きめ細かい対処こそを前面に押し出す必要があると考えます。

周知のように、現在の日本社会は、政治・経済・科学の低迷と衰退、不平等と他者への残酷さや差別など、数々の問題を抱えています。東京大学は、もし最高の知性を名乗るのであれば、周囲と自身のそうした諸問題を真摯に直視し、まずは自らを以て変革してゆくという、強い意志を示す必要があると考えます。そのためにも、卒業した人々がどこでどのように生き、役割を果たしているかという、キャリアの実態把握は不可欠です。今回の東大卒業生はそのごく一部を捉えたにすぎません。「学歴エリート」の職業キャリアに関する素面な検討と議論がこれからも進展してゆくことを期待します。

註

（1）関連する研究として、朴澤泰男「大卒男性の年間収入と出身大学の所在地・設置者の関係について――就業地による違いに着目した考察」『NIER Discussion Paper Series』第4号、2017年、1〜22頁を参照。
（2）濱中淳子『「超」進学校開成・灘の卒業生――その教育は仕事に活きるか』ちくま新書、2016年、42頁。
（3）同右、46頁。
（4）江森百花・川崎莉音『なぜ地方女子は東大を目指さないのか』光文社新書、2024年など。

第四章

東大卒の家族形成

——だれと結婚し、どんな家庭をつくるか

中野円佳

本章では、東京大学卒業生の家族形成について、「東大卒の女性は結婚できないというのは本当か」「東大卒業生は誰と結婚しているのか」「東大卒業生はどのような子育てをしているのか」という3つの問いについて検証します。まず東大卒女性が結婚しづらいということはなく、結婚相手について見れば、東大卒業生ともっとも結婚しやすいのもまた東大卒業生であることを示していきます。大学が出会いの場になることなどにより、学校名における同類婚の傾向は強いことが確認されます。子育てについては、女性のほうが子どもに手をかけている傾向が顕著ではありますが、特に男性については自分がしてもらった子育てを自分の子どもに対して行うという傾向が見られます。男性の卒業生は配偶者が働いていないことも多く、子育てへのかかわりが限定的であるのに対し、女性の卒業生は働きながら子育てにも時間をかけているなど、同じ大学の卒業生でもその家族形成や子育てについては性別で非対称になっている様子も確認していきます。

†3つの問い

序章で、東京大学の卒業生の実態に迫るデータは意外と少ないという説明がありました。その中でも、特にデータの検証がないままにイメージや個人の経験談で語られやすいのが、結婚や子育てについてのトピックではないでしょうか。

本章では、東京大学卒業生の家族形成について、以下の3つの問いについて検証します。

1つ目の問いは、「東大卒の女性は結婚できないというのは本当か」です。今回の調査データを用いて本書編者の本田由紀が先んじて分析した記事によれば、「女性が東大に行ったら結婚できなくなると言われた」という経験がある女性は、若い世代でも4割、シニア世代では6割以上に及んでいます。(1)

配偶者の学歴については男女とも自分と近い人を好むのが一般的であるものの、女性は男性に対してより高い学歴を求め、男性は学歴のある女性を避けるような傾向もみられると言われます。(2) しかし、「東大卒女性は結婚できない」という世間のイメージが、実際にそうなのかということは、これまで検証されていません。

もちろん東大卒女性の中には結婚しないことを主体的に選択している人もいるでしょうが、何割程度が結婚しているのか、男性はどうか、世代によりその傾向に変化はあるかを検証します。

2つ目の問いは、「東大卒業生は誰と結婚しているのか」です。近年は高学歴や高収入同士の夫婦、つまり同類婚の「パワーカップル」が増えていると言われます(3)。しかし、通常の統計などでは「同類婚」とはいっても、「大卒以上」を高学歴とするなど、学校歴にまで踏み込んだ調査は少ないのが現状です。

国公立大学または私立大学という大学タイプを考慮にいれた研究では国公立大学のほうが、そうではない大学においてよりも同類婚が起こりやすいという指摘があります(4)。一方、本調査では、結婚相手の最終学歴を自由記述で記載してもらっており、同類婚は大学名レベルでも増えているのかどうかを、東京大学の卒業生について検証することができます。東大卒業生の配偶者は、同じく東大卒業生なのでしょうか。その傾向は近年になると強まっているのでしょうか。どのような出会いをしており、何を重視して配偶者選択をしているのでしょうか。

3つ目の問いは、「東大卒業生はどのような子育てをしているのか」です。巷に東大生を育てた親の子育て本などはありますが、東大卒業生が行っている子育てについてはこれまで大規模な量的調査がされたことはありません。

教育社会学では、親の持つ文化資本、つまり学歴や、自宅にどれくらい書籍があるか、子ども時代に博物館や美術館に連れて行ってもらうことがあったかなどが、子どもの学力や地位達成に影響するということが指摘されています。

東大卒業生がどのような家庭で育ったかについては第一章と二章でも検証しましたが、東大卒業生もまた、その様々な資本を生かして子どもの教育に携わり、階層の再生産を行っているのでしょうか。

これら3つの問いに取り組むことにより、本章では仕事面だけではなく家族形成に注目して東大卒業後の人生がどのようなものか、世代による変化はあるかを明らかにすることを目指します。とりわけ東大卒女性が結婚できないというイメージや、日本では仕事と子育ての両立が難しいというイメージは、親の意識などを通じて高校生の進路選択にも影響することが知られています。根拠がないまま流布しているこれらの印象論について、データをもって検証したいと思います。

†東大卒の女性は結婚できないというのは本当か？

「東大卒女性は結婚できない」という世間のイメージは本当でしょうか。まず、今回のアンケートデータを世代別に分けて、事実婚を含む配偶者がいるかどうかを世代別に調べてみました（図表4－1）。

図表 4-1　配偶者の有無

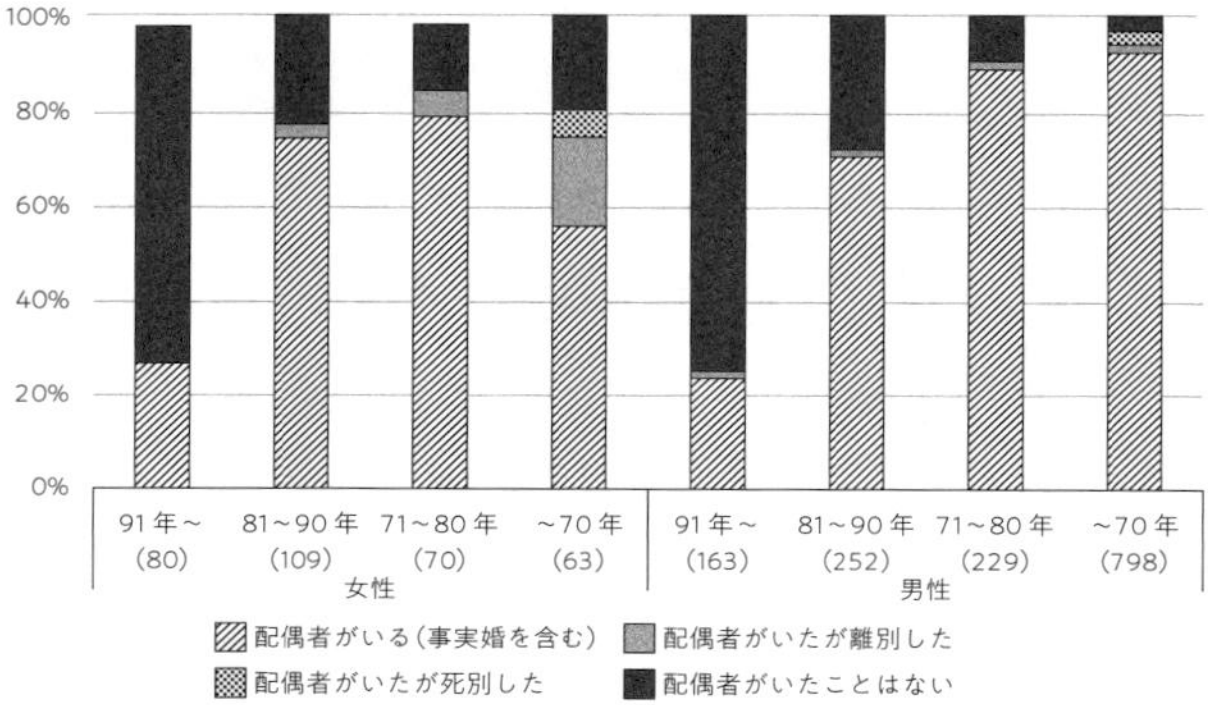

調査時点の2022年に52歳以上だった1970年生まれ以前の世代は、女性の卒業生自体が少ない世代になります。1970年生まれの人が大学に入学する直前である1987年の東京大学における学部生の女性比率は10%、1990年でも13%と、現在の20%前後よりもさらに低かったことがわかっています。[5]

そのため、今回のアンケートの回答者数もこの世代の女性は63人に限られますが、その中で配偶者がいる人は55%で、配偶者がいたが離別した人は19%。死別した人も6%いましたが、配偶者がいたことがない人は19%でした。

2020年国勢調査によれば、日本全体の生涯未婚率（50歳まで一度も結婚したことのない人の割合）は年々上昇しており、女性は全体で17%、大卒女性では27%となっています。

「東大卒業生調査」の1970年以前生まれの回答者には2020年より早く50歳を迎えた人も含まれていますが、その中での未婚率が19％ですから、国勢調査の生涯未婚率17％と大きな差はありません。大卒女性の27％と比べればむしろ婚姻率が非常に高く、「東大卒の女性は結婚できない」については真とは言えないでしょう。

一方、この世代の男性については、798人の回答者のうち92％に配偶者がおり、配偶者がいたが離別した人は1％、死別した人も3％いたため、配偶者がいたことがない人はわずか2％にとどまりました。日本全体の男性の生涯未婚率は28％、大卒男性で16％です（2020年国勢調査）。これと比べ、東大卒業生の男性については、生涯未婚率が平均よりもかなり低いと言えそうです。

この人数比は世代が若くなっていくと、どのように変化するでしょうか。

調査を実施した2022年時点の年齢が42～51歳にあたる1971～80年生まれについては、死別は男女ともおらず、70人の女性回答者の中で配偶者がいたことがない人は14％（配偶者がいる人は78％、離別は5％）でした。229人の男性回答者の中では配偶者がいたことがない人は9％（配偶者がいる人は88％、離別は1％）でした。

国勢調査（2020年）による40～54歳の大卒女性の未婚率は18％、大卒男性の未婚率は21％ですので、やはり東大卒女性がほかの大卒女性に比べて結婚しづらいということはありません。また、東大卒男性については一般の大卒男性よりも非常に婚姻率が高いということがわかります。

ただし、男女差に注目すると、この世代の一般の大卒者では男性のほうが未婚率が高いのですが、東大卒業生同士で比べると、女性のほうが未婚率が高くなっています。同世代で配偶者がいる比率を比べても、東大卒業生では女性のほうが、男性に比べて低くなっています。

これらの理由としては、冒頭で紹介した「女性は男性により学歴を求め、男性は学歴のある女性を避けるような傾向」が影響している可能性があります。また、結婚をすると一般的には女性のほうに家事などの負担が偏りがちであることなどから、高学歴で経済的に自立した女性にとっては、結婚のメリットが小さいということもあるでしょう。

1981～90年生まれはどうでしょうか。この世代は、調査を実施した2022年時点の年齢が32～41歳にあたります。女性回答者109人のうち22%には配偶者がいたことがありません（配偶者がいる人は74%、離別は2%）。男性回答者252人のうち、27%は配偶者がいたことがありません（配偶者がいる人は70%、離別は1%）。国勢調査による30～44歳の未婚率は大卒女性で27%、大卒男性で32%なので、この年齢層においても東大卒業生のほうが未婚率は低くなっています。つまり、女性を含めて東大卒業生のほうが大卒全般よりも結婚している比率は高いのです。

この世代の東大卒業生の中で男女を比べると、むしろ女性の方が男性よりも多く結婚しており、上の世代とは逆転しています。この背景として、厚生労働省の人口動態調査によると、2022年の平均初婚年齢は男性が31・1歳、女性は29・7歳（東京のみだと男性が32・3歳、女性で30・7歳）と、男性の方が結婚年齢が遅い傾向があります。32歳以降に結婚する人も特に男性で多いため、より若い年齢で結婚する傾向のある女性の結婚率の方が高くなった結果、上の世代とは男女で配偶者のいる人の割合が逆転しているのでしょう。

1991年生まれより若い世代（調査時点で31歳以下）では、配偶者がいないのは80人の女性回答者のうち女性で71％（配偶者がいる人は26％）、163人の男性回答者のうち74％（配偶者がいる人は23％）でした。

国勢調査で25～34歳の大卒未婚率は、女性で54％、男性で59％であることと比べると、この世代の東大卒業生はむしろ平均的な大卒よりも未婚率が高めです。これから結婚するケースも多いことが想像されますが、大学院に進んだり、キャリアを優先したりすることで晩婚化している可能性があります。

以上に見てきたことをまとめましょう。一番若い世代はまだこれから有配偶率が高まることを踏まえ、それより上の世代について検証すると、「東大卒女性は結婚できない」という風説は間違っていると言えます。こうした〝デマ〟は、それにより進学が阻害されることなども踏まえると、払拭していく必要があるでしょう。

なお、中学、高校についてそれぞれ、男女ともに共学出身か別学出身かによって配偶者がいる比率や離別の比率が異なるかも検証してみましたが、有意な差は見られませんでした。「女子校/男子校出身者が結婚できない」といったうわさもまた、少なくとも東大卒業生については真とは言えないことがわかりました。

†女性の東大卒業生の結婚相手は半数程度が東大卒

続いて、「東大卒業生は誰と結婚しているのか」という2つ目の問いの検証に進みましょう。

男性が稼ぎ主となり、女性は専業主婦として夫を支えるという性別分業が成り立っていた時代には、「夫の稼ぎが高いほど、妻の就業率は低くなる」という「ダグラス=有沢の法則」と呼ばれる構図が指摘されていました。

しかし、共働きが前提となり、子どもの教育にお金もかけようとなると、この法則は薄れ始めます。社会学で、学歴や所得階層、民族、宗教などが「同類」である人同士が結婚することを「同類婚」と呼びます。

社会学者の筒井淳也は、この「同類婚」の中でも「上位のものから順にマッチングしていく」ことを「アソータティブ・メイティング（assortative mating）」と呼び、アメリカや韓国で世帯の所得格差が拡大している理由の1つになっていると説明しています。[6] 女性がフルタイムで働き続ける条件が整えば、所得が高い者同士が結婚をするのがもっとも合理的になり、高所得につながりやすい学歴についても、高い者同士が夫婦になりやすいというわけです。

図表4-2　女性の東大卒業生の結婚相手の最終学歴（178人中で上位の回答、人）

東京大学	89
慶應義塾大学	11
早稲田大学	6
一橋大学	5

註）大学名には同じ大学の大学院卒も含む。

東大卒業生にもこの傾向は見られるのでしょうか。それでは、東大卒業生が結婚している相手の出身大学を見てみましょう。まず、配偶者がいる東大卒女性で配偶者の最終学歴を記入している178人のうち、50％は東大卒（大学院卒含む）男性と結婚していることがわかりました（図表4－2）。

東京大学が女性の学生を受け入れ始めたのは戦後の1946年ですが、1958年に東大文学部の事務官だった人物は、東大は「最高級の花嫁学校」になればよいといった議論を展開していたそうです。[7] このような発言は、今であれば、女性が高等教育で学ぶ意義や意欲を、良き妻になる、あるいは高学歴の男性と出会うためかのように矮小化し曲解する差別的な発言とみなされるでしょう。ただ、それを目指して東大に進学したかどうかとは別に、大学が、特に女性にとっては結果的に将来の配偶者との出会いの場になった場合が多いのは事実です。

ただ、逆に言えば、残り半数の東大卒女性の結婚相手は、東大卒ではないということでもあります。東大卒女性の東京大学以外の配偶者の学歴としては、慶應義塾大学がトップで、次に早稲田大学、一橋大学が続いていました。東京の大学で、高偏差値の大学が並んでおり、同じ大学ではないにしても、ほぼ同類婚とみなすこともできるでしょう。なお、配偶者が海外の大学または大学院卒であった人は21人いました。

前節で検証した「東大卒の女性は結婚できない」という言説の派生形として、「東大卒の女性は東大にいる間に配偶者を見つけられなければ（東大卒以外の男性には敬遠されるので）結婚できない」ということがまことしやかに語られることがあります。しかし、データからわかることとしては、東大卒女性は他大学出身者と結婚している事例も半数あり、女性に対する「学内で相手を見つけろ」といった助言風の言葉もまた、〝余計なお世話〟であると言えそうです。

一方、東大卒男性1070人の回答では、結婚相手が東大卒女性であるケースは6％にとどまりました。とはいえ、結婚相手の学校名を調べると（図表4－3）、一番多い回答ではあります。

東大卒男性の配偶者の東大以外の出身校を見ると、地理的にも本郷キャンパスに近い女子大であるお茶の水女子大学、日本女子大学、共学では早稲田大学が多くなっていました。東京女子大、聖心女子大学なども続き、配偶者の最終学歴を回答している男性のうち24％が女子大出身者と結婚していました。

図表4-3　男性の東大卒業生の結婚相手の最終学歴（1070人中、人）

東京大学	65
お茶の水女子大学	44
日本女子大学	42
早稲田大学	36
東京女子大学	28
聖心女子大学	27
慶應義塾大学	26
上智大学	22
青山学院大学	20
津田塾大学	16

註）大学名には同じ大学の大学院卒も含む。

男性の東大卒業生の配偶者に女子大出身者が多いことの背景として考えられるのが、「インカレサークル」の存在です。東大には長く東大の男性と女子大の女性で構成され、東大の女性が入ることができない「東大女子お断りサークル」が存在してきたという負の歴史があります。２０２０年に東京大学教養学部オリエンテーション委員会が「差別行為」として禁止し、大学側もその方針を支持する声明を出したのですが、その少し前に、教育学部の4年生だった藤田優さんは卒業論文で実態を調査し、分析を行いました(8)。

藤田さんの論文によれば、東大男子は女子大のサークルメンバーについて、東大女子よりも「外見に気を使って」いて華があるとする一方で、「庇護されるべき、知能の劣った存在」として運営から排除し、「ご飯係」などの役割を任せ、サークル自体は男性中心で運営するというジェンダー非対称性が観察されたということです。これに対して、女子大生側もまた、自分の所属する大学に男子がいないことから、インカレサークルを男子との出会いの場として意識していました。彼女たちにとって、キャンパス内で東大男子と過ごすことができる東大女子は恋愛面などでライバルになるため、「東大女子お断り」という差別的な状態が、東大男子、女子大女子の双方にとって都合のいい枠組みになっていたことが藤田さんの論文からは明らかにされています。

今回の卒業生調査からは、このようなインカレサークルが配偶者を得る場として機能していた可能性が見えてきます。一方で、藤田さんの論文では、サークル内で行われていることは、OBたちから引き継がれてきたことであるとの指摘もありました。女性をサポート役にとどめておくこと、外見を重視することなどは企業内でも行われがちな悪しき慣習であり、サークルが社会の縮図となり、卒業後のあり様と地続きとなっていることがうかがえます。次章で「ジェンダーギャップ認識」については詳しく論じます。

以上で見てきたことからは、特に女性側が東大卒である場合、同類婚の傾向は学校名を踏まえてもかなり強いということでした。ただし、世代による東大同士カップルの出現率には一貫した傾向がありませんでした。今回のデータからは同じ学校同士の同類婚の傾向が年々強まっているとは言えない結果になりました。

†東大卒業生の出会い

配偶者とどのように出会ったのかについても、検討を加えましょう。国立社会保障・人口問題研究所が通常5年ごとに実施している出生動向基本調査の第16回（2021年調査）で、2015年7月から2018年6月に結婚した夫婦が配偶者に知り合ったきっかけとして挙げているのは「職場や仕事の関係で」が28％と最も多く、「友人や兄弟姉妹を通じて」が27％、「学校で」は14％でした(9)。では、東大卒業生についてはどうでしょうか。図表4－4にまとめてみました。

東大卒の女性にとって圧倒的に出会いのきっかけになっているのが、やはり東大でした。「東京大学で知り合った」という人は今回の調査回答者全体の16％ですが、全世代で女性のみを取り出すと、41％が該当すると回答しています。世代による差に着目すると、女性の一番若い世代でとりわけ多いのは、結婚相手と早めに知り合って早めに結婚している人が多いことが影響していると考えられます。東大卒の女性は、やはり東大卒の男性や一般

図表 4-4　配偶者と出会ったきっかけ

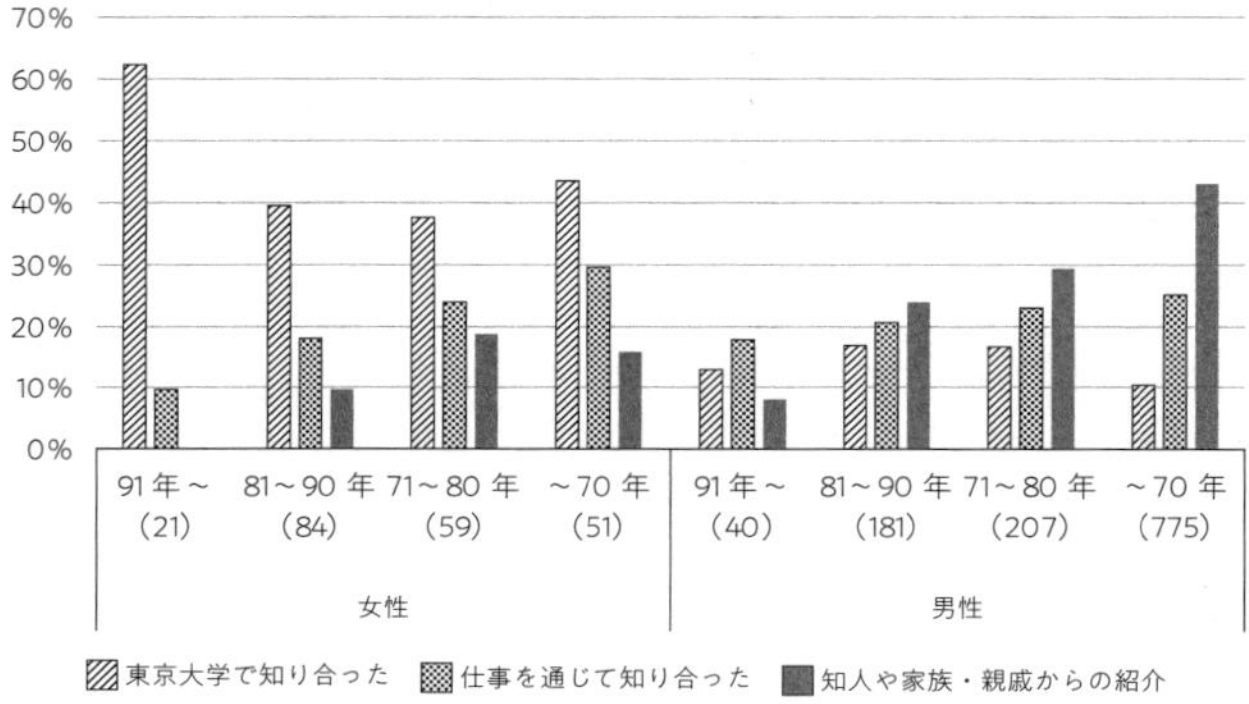

の人と比べて、東大内で知り合い結婚する確率がかなり高いと言えそうです。

男性の1970年生まれまでの世代のみ、「東京大学で知り合った」の回答が10%と、他の世代に比べて少ない傾向が見られます。この世代の男性の回答者は一番年上が1928年生まれで、当時、女性の同級生が少なかったことが影響しているとみられます。東京大学がはじめて女性の学生を受け入れたのは1928年生まれの人が18歳になった1946年で、当初は各学部1〜8人で全入学者の2%程度しか女性がいませんでした。[10] これでは学内で知り合う確率も下がりますし、その女性と恋愛関係になろうにも、ライバルが多すぎます。

「東京大学以外の大学・大学院で知り合った」と回答している人は全体の5%で、後ほど自由記述欄についても言及しますが、これ以外にも大学時代の出会いであったとする答えもありました。

「東京大学で知り合った」と合わせて2割強が大学を通じて出会ったとみなすことができるでしょう。これ以外に「高校以前の学校で知り合った」と答えている人が5%いました。出生動向基本調査の結果よりも、学校を通じて知り合った割合が高くなっています。

全対象者のうち、大学で知り合ったのとほぼ同じ割合の23%が「仕事を通じて知り合った」と回答しており、この項目は男女差がほとんどありません。世代の差は若くなるにつれて少なくなる傾向があります。

「知人や家族・親戚からの紹介で知り合った」割合は男女合わせた全世代の32%で、出生動向調査の項目の表現は若干異なるものの、「友人や兄弟姉妹を通じて」と比べるとやや多めとなっています。ただし、本調査では1970年生まれまでの男性775人のうち42%が該当すると回答していることが全体を引き上げており、71〜80年生まれや81〜90年生まれでは男性でも20%台に下がります。

「婚活」という言葉が2007年に登場し[11]、結婚情報サービスや自治体の取り組み、マッチングアプリなどが活発になっています。東大も「未婚の卒業生の方を対象とした婚活セミナー[12]」を提供しているのですが、これらのサービスで配偶者と出会った人はどれくらいいるでしょうか。

「一般の結婚サービスを通じて知り合った」が全体の4%、「東大出身者を対象とする結婚サービスや交流会を通じて知り合った」は0・1%、「マッチングアプリを通じて知り合った」は3%と少数にとどまりました。

「趣味や社会活動を通じて知り合った」は全体の11%でした。

これらの選択肢を選ばず、その他として自由記述欄を記入した人の中には、「アルバイト先」「お見合い」「合コン」「インカレサークル」「旅行中」「留学やそのための勉強をする場所」「路上でナンパ」「高校より更に前からの知り合い」「友人の知り合い」のほか、入院先や訪れた店でなどの回答もありました。

このように、東大卒業生の配偶者との出会いは、性別・世代によって大きく異なることがわかりました。世代が若くなるにつれ「知人や家族・親戚からの紹介」は男女ともに割合が下がり、大学や職場が主要な出会いの場になっていました。

†東大卒業生が結婚相手選びで重視したこと

続いて、配偶者を選ぶ際に重視した点についても検討します。共働きが主流化していく中で、世代的な変化などはあるのでしょうか。

図表4‐5、4‐6に示した諸項目(性別で「とても重視した」の全世代平均が2%以下のもの

図表4-5　女性の卒業生が配偶者選択で「とても重視」した項目

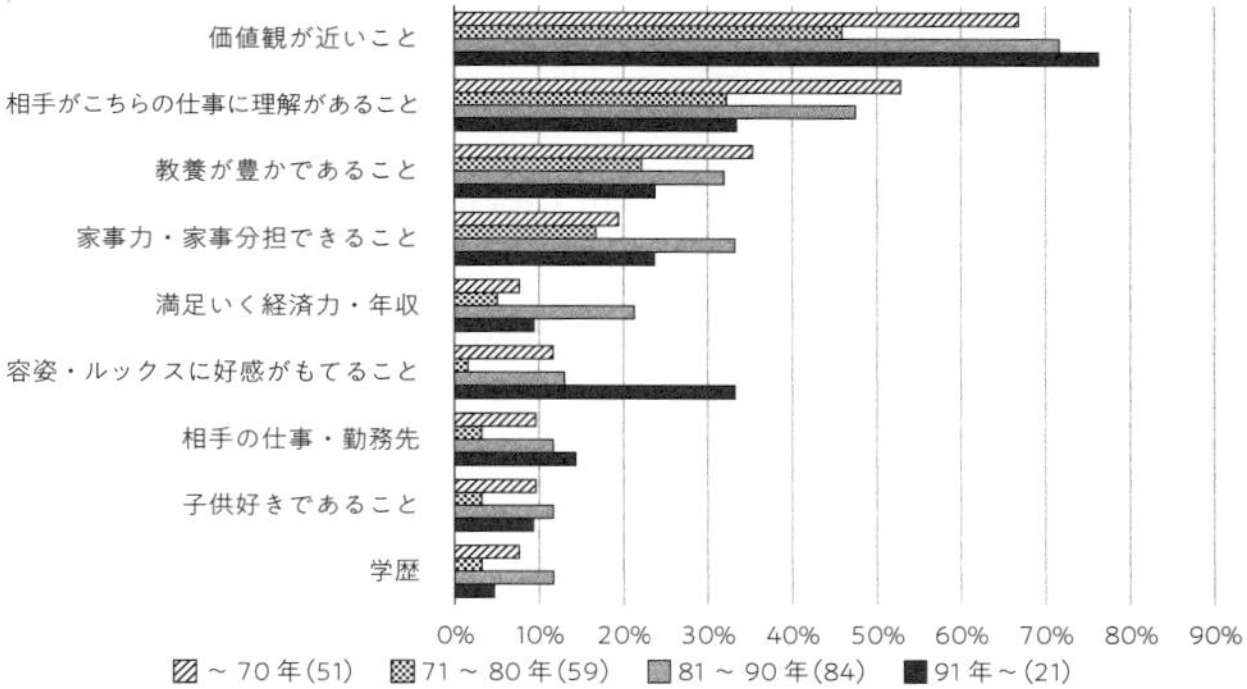

は図表から割愛）について、「とても重視した」「やや重視した」「あまり重視しなかった」「まったく重視しなかった」の中から1つを選んでもらいました。世代・性別にかかわらず「とても重視」の比率が高かったのは「価値観が近いこと」でした。世代が若いと、より重視する割合が高まっています。

次に男女ともに「相手がこちらの仕事に理解があること」「教養が豊かであること」と続くのですが、もっと若い世代の男性では特にこれらの項目を重視する割合が増えています。

特筆すべきこととして「家事力・家事分担できること」は、女性は全世代平均で24％で、81～91年生まれでもっとも重視する比率が高くなっています。一方男性では、この項目を重視する割合は全世代で10％以下で、女性よりあらゆる世代で低くなっていました。ただし、これは男性が家事を女性に求めて

図表4-6　男性の卒業生が配偶者選択で「とても重視」した項目

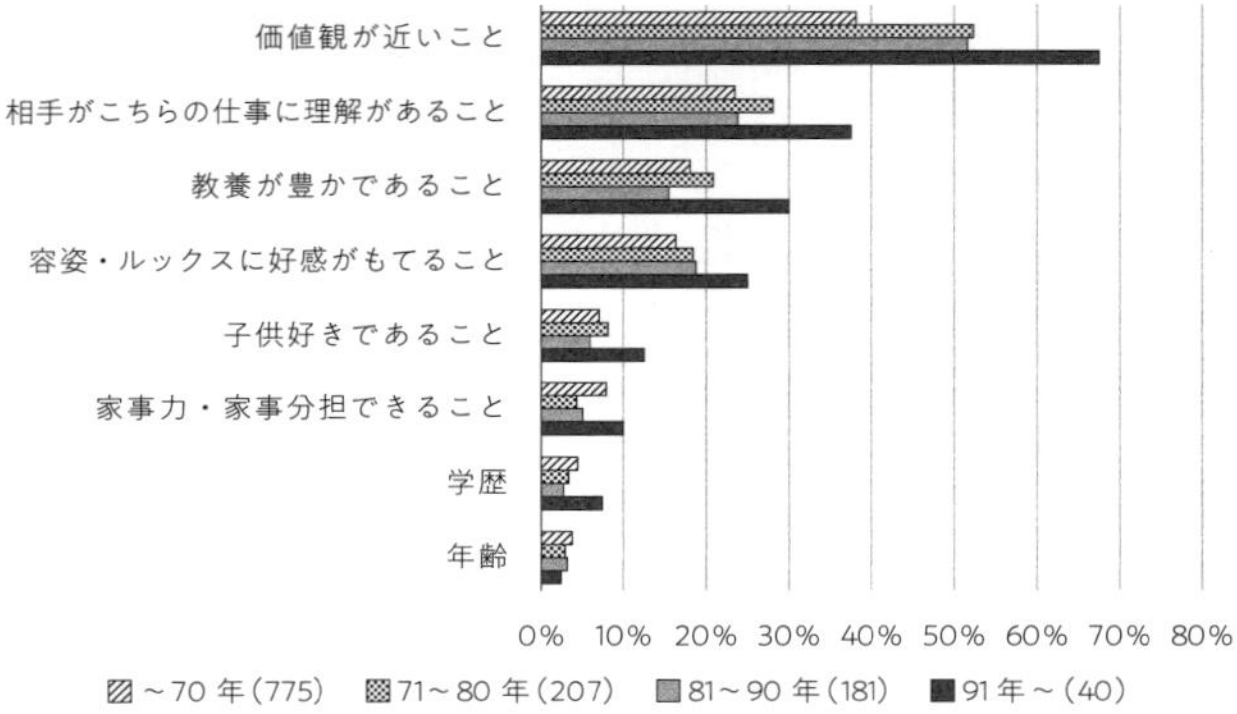

いないということではなく、むしろ女性であれば誰でも家事力がある程度求められてしまう前提がある可能性もあります。

「満足いく経済力・年収」は、性別では女性の方が重視する傾向が強く、逆に「容姿・ルックスに好感がもてること」は男性のほうが全世代を平均すると重視する比率が高いことがわかります。

「学歴」「相手の仕事・勤務先」は、そもそも出会っている場所が大学や仕事であるケースが多いためにあまり意識的に気にする必要がなかった可能性もあり、「とても重視」を選んでいる比率は高くありません。アンケート項目としては「年齢」「家柄」もありましたが、各年代・性別で5%以下しか「とても重視」する人はいませんでした。

　この結果からわかるのは、世代・性別にかかわらず価値観が近いことなどが重視されている一方で、女性の方が、あるいは若い世代ほど、共働きを前提にした配偶者選択をしているのではないかということです。

†東大卒業生の子どもの数

ここからは、本章の3つ目の問い、すなわち東大卒業生の子育てについて検証していきます。まず、子どもの数について調べてみました。配偶者がいたことのない人も含めて、子どもの人数を世代別・性別にグラフにしたのが図表4－7です。

1970年生まれより上の世代の女性は回答者数自体が少ないのですが、子どもが0人、1人、2人というケースがほぼ同じ割合であることがわかります。これに対し、同世代の男性シニア世代は婚姻率が高かったこともあり、子どもがいない割合が低く、2人の子どもがいるケースが多いことがわかります。

若い世代になるほど、結婚をしていない割合が高くなるため、子どもが0人というケースが増えていきます。

共働きの場合、子どもの数が増えるほど、仕事と育児の両立が難しくなると考えられます。特に1970年生まれより上の世代で、男女で子どもの数に差がみられるのは、年配の世代では「ダグラス＝有沢の法則」がまだ成り立っていて、女性卒業生の場合は共働き

図表4-7　子どもの数

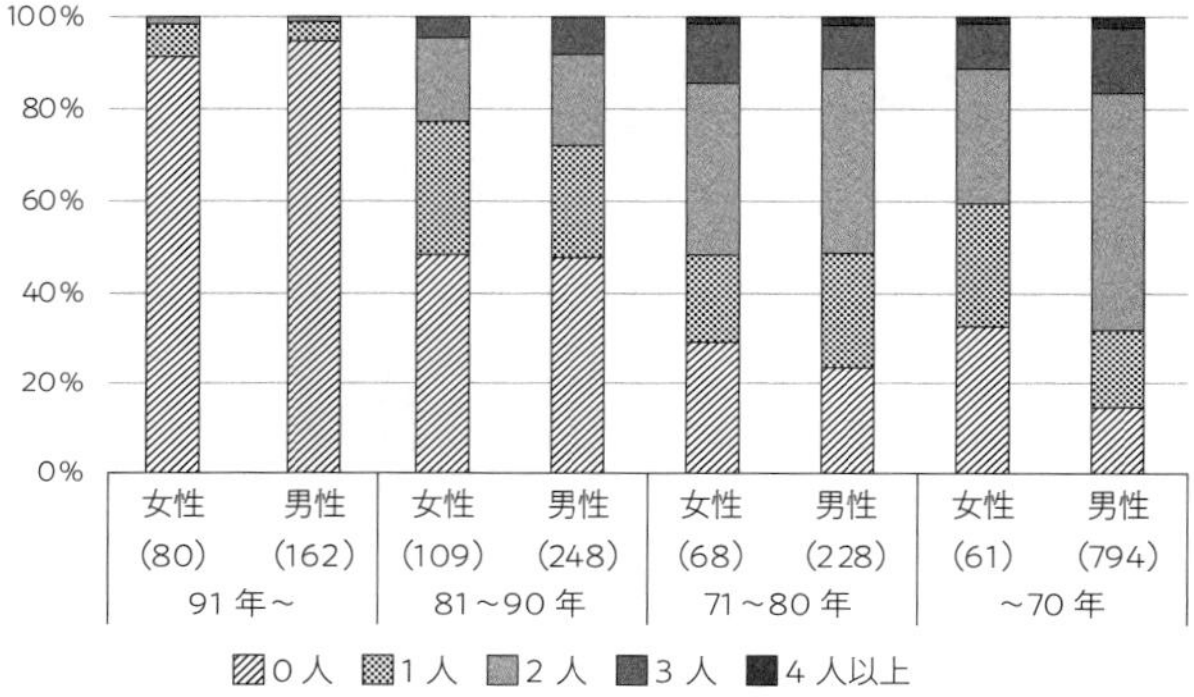

が多いのに対し、男性卒業生は自分が稼ぎ主で妻が専業主婦という世帯が多かったことが要因かもしれません。そこで、まず男性について、配偶者の仕事によって子どもの有無に違いがあるかを検証してみました。

配偶者の就労状況について答えている全世代の男性で見ると、妻が現在働いている５９５人のうち、子どもがいない割合は23％、妻が働いていない場合は５７３人のうち子どもがいない割合は10％でした。妻が働いている場合の方が、妻が無職の場合と比べて子どもがいない比率はやはり高くなっていました。後者には子どもが生まれてから妻が離職したという場合もあるでしょう。

ただし、世代別でみると、１９７０年生まれより上の世代では、すでに男性回答者自身も定年退職を迎えている可能性があり、妻も働いていない比率が

58％となっています。妻が働いているかどうかによって子どもの数は有意な差は出ません。

71〜80年生まれでは妻が働いている136人中、子どもがいない割合は18％、子ども1人が26％、2人が39％、3人が16％と人数にばらつきがあります。これに対し、妻が働いていないケース69人中では子どもがいない割合は10％、1人は30％、2人が55％と「専業主婦と稼ぎ主男性、子どもは2人」のいわゆる「標準家族」とされてきた家族形態が過半数となっており、逆に3人以上は4％と少なくなっています。子どもの数が多くなれば教育費などもかかるために、妻も働いているケースが逆に多くなるということも考えられます。

一方、81〜90年生まれの世代では、妻が働いているケース130人中、子どもがいない割合は33％と、働いていないケースの48人中10％に比べて3倍以上となっています。ただ、この世代はこれから子どもを産むということもあるでしょう。子どもがいない比率は、最も若い91年以降生まれでは配偶者が有職・無職の場合合計で77％と高くなっています。

男性卒業生についてまとめると、全世代で見れば共働きと子どもの人数はある程度トレードオフになっている傾向がみられるものの、共働きで子どもを2人、3人育てているカップルもそれなりにいることがわかりました。女性卒業生の子育てについては、次節で見てみましょう。

†仕事と子育てを両立してきた女性の卒業生たち

1970年生まれよりも年上の世代が就職したのは現役・学部卒での就職を前提とすれば1993年より前ということになります。この時代、1986年に雇用機会均等法が施行されてからも、企業が総合職・一般職といったコース別採用を導入し、総合職で採用される女性はまだ少なく、採用されても育児などとの両立が見通せるような状況ではありませんでした。(13)

ライフイベントと就労の関係を検証するため、配偶者がいるかいたことがあり（以下、結婚歴があり）、調査時点で働いている女性卒業生195人について調べました。

1970年生まれより年上の回答者43人中、子どもがいない割合は14％でした。東大卒業生の調査からは、この世代において、結婚・出産を経験し、かつ現在働いている女性もまた、それなりの割合いるということがわかります。一時期専業主婦をしていて再就職した人なども含めていますが、子どもの人数は、1人が30％、2人が39％、3人以上という方も16％いました。

本章の冒頭で、東大に女性が進学しにくい理由として、親側の意識に娘に高学歴を付けさせても、結局仕事と子育ての両立ができないのではないかという意識があるということに言及しました。しかし子どもを産んで、仕事もしている人たちがこんなにいます。結婚歴があり、働いている71~80年生まれの女性回答者は54人いました。上の世代と比べればこれから産む人がいる可能性はあるものの、子どもがいない割合は20%で、子どもが1人という回答が22%、2人が44%、3人以上が13%でした。上の世代に比べると、これから2人目、3人目を産む人もいる可能性があるうえに、すでに2人産んでいる人が44%と、上の世代よりも多くなっていることがわかります。

81~90年生まれの人は、筆者が「育休世代」と呼ぶ[14]、2000年以降に少なくとも正社員向けには育児休業などの制度が整ってから総合職で就職する女性が増えてきた世代にあたります。結婚歴があり働いている回答者78人のうち、34%は子どもがいませんが、37%は1人子どもがおり、これから産む可能性がある人も多いでしょう。

なお、女性の場合、全世代で結婚歴があり調査時点で働いていないという人と無回答の人は17人いて、そのうち子どものいない人は5人でした。厚生労働省によると、一般的に「一人の女性がその年齢別出生率で一生の間に生むとしたときの子どもの数」と解釈される合計特殊出生率は2023年には1・2まで低下しています。結婚をしないことや子どもを持たないことについて、積極的に選択をした人もいれば、心身の状況や仕事との兼ね合い、あるいは経済的事情で子どもを持ちたくても持てなかった人もいるでしょう。

とはいえ、本節からは、着実に高学歴で結婚や出産しながら仕事もするという女性が増えていることがわかりました。すべての女性が仕事と家族形成を両立するべきというわけではありませんが、両立ができないのではと懸念して若い女性たちが早い段階からブレーキを踏む必要はないと言えそうです。

†東大卒業生の子育て、階層は再生産されているか

子育てをめぐる研究では、親の階層により、子育ての方法や子どもに対する期待が異なることが指摘されています。アメリカにおける子育ての質的研究を行った社会学者のラローは、ミドルクラスでは親たちが、子どもを説得しながら、習い事などを詰め込んだり、大人とかかわらせたりする「子どもの計画的な能力育成（concerted cultivation）」が行われていたのに対し、労働者階級・貧困層では親は子どもに命令形で指示をだす傾向があり、近所の異年齢の子どもたちの間で遊びが発生するといった「子どもの自然な成長の達成（accomplishment of natural growth）」が重視されることを指摘しています。(15)

日本でも、額賀美紗子と藤田結子が、大卒女性は「親が導く子育て」を、非大卒女性は「子どもに任せる子育て」をより多く実践するというゆるやかな傾向があると指摘しています。(16) これらの研究では、階層や学歴がざっくりと分けられていますが、日本での学校名

図表4-8　性別・世代別　子育てに関する項目の経験率（%）

		保育所やベビーシッターなどをよく利用	本の読み聞かせをした	子どもの意見を尊重する	スポーツや習い事をさせることが多かった	博物館や美術館に連れて行くことが多かった	自然を体験させることが多かった	勉強を教えることが多かった	自分の勉強や受験の経験が子育ての役に立った
女性	~70年(39)	71.8	61.5	30.8	23.1	38.5	28.2	30.8	30.8
	71~80年(34)	76.5	47.1	47.1	58.8	17.6	23.5	38.2	42.4
男性	~70年(631)	16.0	34.1	20.7	25.8	17.1	25.6	17.0	16.3
	71~80年(111)	32.4	45.9	22.9	30.9	18.2	25.5	31.8	20.9

としては「最高」とされる学歴を持っている東大卒業生の子育てがどのようなものなのか、関心のある方も多いのではないでしょうか。

10歳以上の子どもがいる回答者を抽出したところ、81〜90年生まれ、91年生まれ以降の世代はサンプル数が非常に少なかったことから、70年生まれまでと71〜80年生まれについて図表4−8の諸項目が第一子の子育てに対して「とても当てはまる」と回答した比率を性別・世代で比較してみましょう。

まず、男女で大きく回答が分かれたのは「保育所やベビーシッターなどをよく利用した」です。女性卒業生の場合は7割以上と高いのに対し、男性は70年生まれ以前の世代では非常に低く、71年生まれ以降では3割で、上の世代と大きな差がついていますが、それでもなお女性卒業生よりは低くなっています。東大卒女性は世代にかかわらず働いているケースが多く、共働きなどで保育所やシッターの利用が必須であったことが想像できます。

全世代にわたり、男女ともに比較的「とても当てはまる」の回答率が高いのが「子どもに本の読み聞かせをした」でした。ただ興味深いのは、読み聞かせは、女性では若い世代のほうが行っていないのに対し、男性は若い世代のほうが有意（10％水準）に高まっていて、男女差がかなり縮小している点です。同様に、男性の比率が若い世代で有意（0・1％水準）に増えているのが「子どもに勉強を教えることが多かった」です。女性は世代による有意差はありません。育児にかかわる男性が増えていることが、東大卒業生のデータからうかがえます。

「子どもを博物館や美術館に連れて行くことが多かった」は女性の上の世代で他より多めになっています。一方、「子どもにスポーツや習い事をさせることが多かった」は71〜80年生まれの世代で男女ともに「博物館・美術館に連れて行くことが多かった」や「子どもに自然を体験させることが多かった」よりも重視されています。上の世代よりも共働きが増え、平日の放課後に子どもが過ごす場所としてスポーツや習い事が選ばれている可能性もあるでしょう。

ほとんどすべての項目で、あらゆる世代において、女性（母親）のほうが子育ての経験について「とても当てはまる」を選んでいる比率が高くなっていました。女性回答者も働いている比率は高かったことから、仕事に育児に女性が奮闘している姿が想像できます。

また、10歳以上の子どもがいる人に対し、自分が子どもの頃（小学生の頃まで）の保護者の子育てのあり方との関連を見てみました（図表は省略）。

その結果、読み聞かせや博物館・美術館などに行く経験は、女性は自分が親にしてもらったかどうかに関係なく（有意差なし）自分の子どもに実施していました。一方、男性は有意（0・1％水準）に親がしてくれていた子育てのあり方と自分が子どもにしている子育てのあり方に関連がありました。

つまり、男性は自分が子どもの頃に親が読み聞かせをしてくれたと回答している人ほど自分も我が子に読み聞かせをしていて、博物館・美術館に連れて行ってもらったと回答している人ほど、自分も子どもを博物館や美術館に連れて行っています。「子どもの意見を尊重する」についても同様の傾向でした。

自分が幼かった頃にこのような経験をさせてくれたのが父親だったのか母親だったのかについては聞いていませんが、育児に携わる男性を増やすには、子ども時代の親のかかわりが重要かもしれません。

一方、自然体験については、男女ともに親にしてもらった人ほど、自分の子どもにも実施している傾向が見られました（0・1％水準）。勉強を教えることについても、男女ともに自分の経験が影響していますが、女性のほうが影響がやや弱まり（5％水準で有意、男性は0・1％水準）、スポーツや習い事についても同様ですがやはり女性はさらに影響が弱まります（10％水準で有意、男性は0・1％水準）。

総じて、男性はすべての項目で自分が親にしてもらっていればそれを子どもにするようになる傾向があり、女性も一部の項目ではその傾向がみられるものの、女性は自分がしてもらっていようがいまいが、手厚い子育てをしていると言えそうです。

他方で、筆者自身にも小学生の子どもがいて、東大同窓のママ友ともよく話していますが、東大卒業生の中には「勉強しろと言われたことがなく、自分からやっていた」「問題を解くのが楽しかった」タイプがいて、別人格である我が子が勉強のモチベーションが湧かない、なかなか問題が解けないなどの状況に陥っているときに「なぜわからないかがわからない」ことがあるようです。

東大卒業生に限らないことですが、子どもの意思を無視して、心身の健全な発達に有害な影響を及ぼすほどのストレスを与えるような不適切な教育を行なうことは「エデュケーション・マルトリートメント（教育虐待）」として警鐘が鳴らされています。[17]

父親の育児参加は望ましいことではあるのですが、両親ともに良かれと思って子どもに過度な期待をするなどの「教育熱心」さが、必ずしも子どものためにならないことがあることは申し添えておきたいと思います。

また、近年「体験格差」が問題視されるようになっています。日本はGDPに占める公的支出の教育にかける割合が低く、多くの活動が家庭の私費負担になっています。[18] スポーツ・習い事や自然体験などの「体験」を得られるかどうかは親の年収だけではなく、親自身が体験したことがあるかにも大きく左右されます。[19] 体験格差をなくしていくとともに、体験格差があっても困らないような社会にしていく必要があります。

†東大卒業生を親にもつ子どもは受験をしているか

東大卒業生は、自分の子どもにどの学校段階で受験をさせているのでしょうか。

小学校受験については、教育社会学者の望月由起によれば、受験者数についての公式な統計数値はなく、正確に把握することはできないようですが、1980年年代後半のバブル景気拡大とともに過熱し、その後1992年年をピークに少子化や景気低迷などを背景に沈静化していたものの、2000年代に首都圏を中心に再過熱しているといいます。[20]

中学受験については、たとえば東京都では2023年度の学校基本調査をもとに計算すると、私立中学に通っている生徒は全中学生のうち男子の24%、女子の27%と全体の4分の1強となっています。国立や中高一貫の都立受験をした人や、受験はしたものの公立中に進んでいる人もいるので、およそ3割近くが中学受験をしていると言われます。もちろん、東大卒業生調査回答者の全員が東京都に住んでいるわけではないのですが、この数値と比較してみましょう。

子どもの年齢が調査時点で13歳以上のケースについて、きょうだい構成別に検証したところ、子どもが1人の回答者169人中、子が幼稚園受験をした割合が14％、小学校受験が23％、中学受験が61％でした（複数の段階で受験したケースも含む）。

子どもが複数いる回答者で長子が13歳以上の場合では、611人中、幼稚園受験8％、小学校受験12％、中学受験49％と、各受験段階で経験率が一人っ子の場合に比べて下がります。子どもが複数いる家庭で2人目が13歳以上の場合は、560人中、幼稚園受験8％、小学校受験12％、中学受験50％と、きょうだいがいる場合の長子とはさほど変わりません。

一人っ子のほうが手をかけられるため、中学までのすべての段階で受験比率が高いと考えられます。一方で、きょうだいがいるケースにおいても、一般的な家庭に比べれば中学までの受験経験率は相当高いのではないでしょうか。

幼稚園受験や小学校受験は面接対策などで幼児教室に通うケースが多く、受験日が平日の昼間であることも多いので、共働きにはなかなかハードルが高いです。それでも中学受験のほうが大変だから……と、高校や場合によっては大学までエスカレーター式で進める附属校などに入れたいと考えることも、親たちが幼稚園受験や小学校受験を選択する理由となっています[21]。

一方、中学受験については、以前は専業主婦家庭のサポートが必要とされてきましたが[22]、近年はむしろお金がかかり、共働き家庭で塾に加えて個別指導や家庭教師などを付けて中学受験を乗り越えるケースもあるようです。

ミドルクラスの家庭が自分の子どもにも学歴をつけさせ、生活水準を落とさないようにする動きは世界で起こっています。同様に東大卒業生も多くが子どもに期待をかけていると言えるのではないでしょうか。

なお、第一子が18歳以上で、子の最終学歴を回答している673人のうち、第一子の最終学歴が東京大学／東京大学大学院であるケースは76人で、11％でした。第二子が18歳以上である回答者500人中、第二子で東大／東大大学院のケースは9％の46人、第三子が18歳以上の場合では101人中9％の10人でした。第二章では回答者の親の学歴を見ましたが、親子ともに東大というケースはさほど多くないことがわかります。

†まとめと提言

本章の分析から、冒頭で設定した3つの問いについては、次のように答えることができます。

まず東大女性が結婚しづらいということはなく、一方で東大男性は結婚市場における一般男性と比べても結婚している比率が非常に高いことがうかがえました。

結婚相手について見れば、東大卒業生ともっとも結婚しやすいのもまた東大卒業生であり、特に女性の場合は4割が東大内で配偶者と出会い、その後職場等での出会いも含めて東大卒男性と結婚しているのは配偶者の学歴を回答している人の半数に及びました。大学が出会いの場になることなどにより、学校名における同類婚の傾向は強いことが確認されました。

子育てについては、女性のほうが子どもに手をかけている傾向が顕著でした。一方で特に男性については自分がしてもらった子育てを自分の子どもに対して行うという再生産がみられ、受験については中学受験までの経験率が一般より高いということがわかりました。

同類婚や階層再生産の観点からすれば、東大卒業生は総じて有利であると言えます。ただし、男女差を見ると、男性の卒業生は配偶者が働いていないケースもあり、子育てへのかかわりが限定的であるのに対し、女性の卒業生は働きながら子育てにも時間をかけているなど、同じ大学の卒業生でもその家族形成や子育てについては性別で非対称になっている様子もまた、明らかになりました。

さて、これらのまとめを踏まえて、東大卒の家族形成について以下を提言します。

提言①——東大卒女性はもっと発信すべし

特に女性の東大卒業生にまつわる根拠なき言説は、ときに女子中高生にとって自由な進路選択を妨げることにつながります。東大卒の女性が結婚できないといったことはなく、また子育てと仕事の両立をしている人たちも多いということについては、もっと発信をしていくべきでしょう。

ただし、データとしてまとめてみると、一定の割合の女性たちが子育てをしながら働いていることがわかりますが、個々の組織では圧倒的なマイノリティとして道を切り開かざるを得ないこともまだまだ多いと感じます。

筆者は2011年に同窓会組織の中に「東大ママ門」という東大卒女性のコミュニティを作り、2025年現在600人がフェイスブックグループに登録しています。その中で交わされる悩み相談や情報交換は、キャリアと子育てのバランス、2人目を産むタイミング、不妊、夫婦の役割分担、子どもの発達障害や不登校、受験など多岐にわたります。

東大卒業生に限ることではありませんが、データには浮かび上がってきづらい子どもの特性などによる悩みや葛藤、奮闘があるのも事実です。その葛藤も含めて様々な背中を後輩に見せてほしいと思います。

提言②――東大卒業生は「自分の子どもだけ」ではなく社会貢献を

提言①と矛盾するようですが、東大卒業生は、家族形成や子育てにおいて、恵まれているところも多いと思います。とりわけ受験の経験率などを見ると、階層の再生産への加担をしており、東大卒業生の中での「当たり前」は社会の当たり前ではないということも自覚する必要があります。

再び東大ママ門の活動の一環として、以前、学童保育の改革に関わった東大卒の母親2人を取材して記事にしたことがあります。[23] そのお2人は、住んでいる自治体にかけあったり、CSR（企業の社会的責任）の活動として全国の学童保育を充実させるプロジェクトを立ち上げたりしており、子どもたちにとって良い環境を作っていくことを目指していました。

家族形成をして、自分の子どもだけ、高い費用をかけて夏休みなどの長期休暇に充実した過ごし方をするオプションを選ぶのではなく、そのような社会を変える動きをしてくれるような卒業生が増えてくれるといいと思いました。社会意識についてはあらためて次章でも扱います。

註

（1）本田由紀「『東大卒』を解剖する――メリトクラシーとジェンダーギャップの錯綜」『世界』第９７１号、２０２３年７月。

（2）山口慎太郎『「家族の幸せ」の経済学――データ分析でわかった結婚、出産、子育ての真実』光文社新書、２０１９年。

（3）橘木俊詔・迫田さやか『夫婦格差社会――二極化する結婚のかたち』中公新書、２０１３年。

（4）Fumiya Uchikoshi: Explaining Declining Educational Homogamy: The Role of Institutional Changes in Higher Education in Japan. *Demography* 1 December 2022; 59(6): 2161-2186

（5）「東京大学における男女共同参画の取組み」（２０１３年に厚生労働省審議会に提出された資料 https://www.mhlw.go.jp/file/05-Shingikai-11901000-Koyoukintoujidoukateikyoku-Soumuka/0000037168_1_2_2_1.pdf［２０２４年９月１日取得］）。

（6）筒井淳也『結婚と家族のこれから――共働き社会の限界』光文社新書、２０１６年。

（7）矢口祐人『なぜ東大は男だらけなのか』集英社新書、２０２４年。

（8）藤田優「東大インカレサークルで何が起こっているのか――「東大女子お断り」が守る格差構造」『ＷＡＮ女性学ジャーナル』、２０２２年（https://wan.or.jp/journal/details/17［２０２４年９月１日取得］）。

（9）第16回出生動向基本調査（結婚と出産に関する全国調査）（https://www.ipss.go.jp/ps-doukou/j/doukou16/doukou16_gaiyo.asp［２０２４年９月１日取得］）。

（10）東京大学多様性包摂共創センタージェンダー・エクイティ推進オフィス「東京大学に初めて女子が入学した年は１９４６年」（https://www.u-tokyo.ac.jp/kyodo-sankaku/ja/activities/model-program/library/UTW_History/Page01.html［２０２４年９月１日閲覧］）。

(11) 山田昌弘『「婚活」現象の社会学——日本の配偶者選択のいま』東洋経済新報社、２０１０年。
(12) 東京大学ホームページ「婚活セミナー」(https://www.u-tokyo.ac.jp/ja/alumni/alum-programs/marriage.html［２０２４年9月1日取得］)。
(13) 永瀬伸子『日本の女性のキャリア形成と家族——雇用慣行・賃金格差・出産子育て』勁草書房、２０２４年。
(14) 中野円佳『「育休世代」のジレンマ——女性活用はなぜ失敗するのか?』光文社新書、２０１４年。
(15) Lareau, Annette, 2011, Unequal Childhoods: Class, Race, and Family Life, Second Edition, with an Update a Decade Later, University of California Press.
(16) 額賀美紗子・藤田結子『働く母親と階層化——仕事・家庭教育・食事をめぐるジレンマ』勁草書房、２０２２年。
(17) 大西将史・廣澤愛子『エデュケーショナル・マルトリートメントの理解と対応——教師と支援者が「教育虐待」を防ぐためにできること』中央法規出版、２０２４年。
(18) ＯＥＣＤホームページ「Public spending on education」(https://www.oecd.org/en/data/indicators/public-spending-on-education.html［２０２４年9月1日取得］)。
(19) 今井悠介『体験格差』講談社現代新書、２０２４年。
(20) 望月由起『小学校受験——現代日本の「教育する家族」』光文社新書、２０２２年。
(21) 中野円佳「なぜお受験では「紺のスーツ一色」になるのか——共働き親から見たら「パラレルワールド」」東洋経済オンライン、２０１８年10月３日(https://toyokeizai.net/articles/-/240073［２０２４年９月１日取得］)。
(22) 平尾桂子「家族の教育戦略と母親の就労——進学塾通塾時間を中心に」本田由紀編『女性の就業と親子関係——母親たちの階層戦略』勁草書房、２００４年、97〜１１３頁。
(23) 東大ママ門「東大ママも「学童保育」問題に悩んでいる——問題解決へ、ママたちが立ち上がる!」東洋経済オンライン、2015年2月12日（https://toyokeizai.net/articles/-/60088［2024年9月1日取得］）。

第五章

東大卒は社会をどう見ているか

――自己責任論、再分配支持、社会運動への関心からジェンダーギャップ認識まで

九鬼成美

学歴エリートは、社会の構造（法、制度、ルールなど）を左右する立場に立つ可能性の高い集団です。よって、彼ら彼女らが社会をどのように意識しているのかを明らかにすることは、社会を動かす力の強い人々がどのように社会を見ているかを理解するうえで重要です。社会意識に影響する多様な変数の中で、社会に出る直前に経験される大学教育は、学歴エリートの社会の見方にどのような影響を及ぼしているのでしょうか。本章では、自己責任意識、再分配支持、社会運動への関心、ジェンダーギャップ認識という4つの視点から、エリート大学の学びや生活経験が学歴エリートたちにどのような社会意識を育んできたのかを明らかにします。

†なぜ東大卒の社会意識を分析するのか

学歴エリートは、社会の仕組みを決める立場に立つ可能性の高い集団です。それは例えば、学歴エリートは大手の企業に就職したり、法律や政治、経済の根幹を担う職業に就いたり、管理職や経営者、国家官僚、高度専門職などの指導的立場についたりする傾向があるということを意味します。

もちろん、学歴が大学卒業後の立場のすべてを説明するわけではありませんが、学歴は大きな説明力を持ちます。そして、第三章でも述べられていたように、東大卒業生たちも社会的に大きな影響力のある立場につく傾向があります。そのような彼ら彼女らが社会をどのように意識しているのかは、単に東大卒業生の実態を把握する以上に、同じ社会の構成員である多くの人たちにとって重要な意味を持ちます。

一方で、学歴エリートの社会意識や価値観は十分に明らかにはされてきませんでした。これまでの章でも挙げられている教育社会学者の麻生誠は、「学歴エリートの形成を出身学校などの外的属性から分析しており、学歴エリートの価値観とかイデオロギーとか能力などの内的属性からの分析がないこと」が彼の研究の限界だとしています(1)。

また、東京大学は日本社会の中で入学難易度が最も高い大学の一つであるだけでなく、あらゆる面において象徴的な存在です。東京大学が推進した制度や教育活動がほかの大学に伝播していくこともあります。このような東京大学の卒業生たちの学びや経験が、社会に対する見方をどのように育んでいるのかは、大学の教育を考えるうえで重要です。

これまで社会意識や価値観を全国的に調査・分析した社会学や心理学の研究は、中卒／高卒／大卒などの大まかな学歴区分や属性と社会意識の連関について明らかにしてきました。(2) また、これまでの研究では比較的、社会問題の負の側面に直面しやすい下層の人々に注目が集まってきました。しかし、学歴エリートたちの社会意識や価値観と、大学での学びや生活との連関を実証する研究は多くはありません。

以上を踏まえて本章では、まず、東京大学の卒業生たちがどのような社会意識を持っているのかを把握します。次に、社会意識に影響する多様な変数の中で、東大での学びや経験がどのように影響しているのかを明らかにします。これらを明らかにすることで、社会を動かす力の強い人々がどのように社会を見ているかと、日本の代表的なエリート大学である東京大学はそれらをどのように育んできたかを理解することができます。

†なぜ格差や不平等に関する社会意識の分析が必要か

本章では社会意識として、「自己責任意識」「再分配支持」「社会運動への関心」「ジェンダーギャップ認識」の4つを取り上げます。なぜなら、これらが日本社会の格差や不平等を考えるときに無視できない考え方であるからです。

グローバルな資本主義経済とメリトクラシーの発展にともなって、近年、社会の格差や不平等の問題が深刻化しています。メリトクラシーとはイギリスの社会学者マイケル・ヤングがつくった言葉です。そしてメリトクラティックな社会では、人々が競争を行い、その結果のメリット（能力と努力の成果である業績）に応じて報酬が分配されます。

このような社会では必ず、格差や不平等が生じます。その格差や不平等が近年問題となっているのは、これらが拡大することで階層間の断絶が進み、社会的な連帯感が欠落し、さまざまな社会活動が停滞して、平穏な日常や未来の発展の妨げになるとされるからです。

では、日本はどうでしょうか。日本はかつて「総中流社会」と呼ばれる比較的平等な社会とされていましたが、時代の変化により、現在は世界的に見ても不平等な社会であるといえます。

例えば、ジニ係数を見てみましょう。ジニ係数は、1に近いほど所得の不平等が大きいことを示す係数です。厚生労働省が3年ごとに行っている「所得再分配調査」によると、直近の2021年の等価当初所得ジニ係数は約0・5で、1980年代と比べると明らかに所得の不平等が拡大しています。このような所得の不平等に対して政府は、所得の高い層から税金を多く徴収し、低い層に社会保障制度などによって再分配を行うことで不平等の是正を試みています。再分配後のジニ係数は約0・3で、確かに改善されてはいます。しかしこれで十分に平等であるとは言えません。ジニ係数を国際的にみると、2021年の日本の値はOECD加盟国37カ国中8番目に大きいことになります。[3] つまり、日本はOECDに加盟する先進7カ国の中で貧富の差が激しい方の国であると言えます。

また、相対的貧困率も参考になるでしょう。相対的貧困率は、国民の所得の中央値の半分以下の所得の人々の割合を示すものです。2022年の厚生労働省「国民生活基礎調査の概況」によると、日本の場合1985年の12・0%から2000年の15・3%まで上昇傾向にありました。[4] そこからは2012年の16・1%を最高値としてほぼ横ばいが続いていますが、直近の2021年の調査ではOECD加盟国で5番目に高い割合です。[5] したがって、格差や不平等は日本の社会問題の中でも重要な問題だと言えます。

近年、格差や不平等が個人の責任とされ、構造的な問題への関心を低下させるという側面から、「自己責任意識」が注目されています。自己責任意識とは、自分の行動や人生の結果を個人が負うべきとする考えであり、個人に自己肯定感や努力への動機づけをもたらす一方、社会的な不利や困難を個人の責任に帰す危険もはらんでいます。

例えば、低賃金や非正規雇用の増加といった社会的要因が生む不安定な雇用の現実は、個人の努力だけで克服できるものではありません。しかし自己責任の考え方のもとでは、これらの問題が個人の努力や能力不足に起因するものと捉えられてしまうおそれがあります。この結果、貧困といった社会問題が個人の課題として矮小化され、社会全体で解決に取り組む気勢がそがれる懸念もあります。

アメリカの著名な政治哲学者マイケル・サンデルは著書の『実力も運のうち――能力主義は正義か?』で、エリート層が獲得した社会的地位や能力に自身が「値する」と考え、現在の社会で評価されるそれらを獲得できた自身の背景や幸運に無自覚となり、その裏返しとして低い社会的地位や能力しか持たない人々を見下すようになっていることを批判しました。[6] そして特に、アメリカでの低学歴者(大学を卒業していない人)に対する強い嫌悪や偏見を取り上げ、学歴偏重主義を「容認されている最後の偏見」と呼びました。

サンデルは、学校で学ぶいくつかの教科で相対的に高く評価されていることを示すだけであるはずの高い学歴が、あらゆる能力や人格をも証明するものとして通用していることを問題にしたのです。そして、そのような状況では、学歴エリートは自らの成功を個人の努力による成果と見なす傾向が強くなり、その結果、成功を収めていない人々については努力不足と見なすきらいがあるとされます。

一方で、先ほど述べたように、日本社会において格差や不平等を是正する主要な手段として、政府による所得の再分配が挙げられます。では、学歴エリートである東大卒業生たちは、この再分配についてどのような考えを持っているのでしょうか。本章では、再分配に対する賛否を「再分配支持」と呼ぶことにします。

東大卒業生たちの自己責任意識や再分配支持に関する意識を明らかにすることは、無批判に受容されてきた能力主義に基づいた格差や不平等に対する見方の一端を理解するうえで重要であると言えるでしょう。

また、政治に対する監視をより強め、不平等や格差に反対する社会運動は、格差や不平等の問題をより多くの人と共有し、解決に向かう取り組みとして期待できます。社会運動に関心を持つ人が増え、多くの人々が社会問題に対して声を上げ、行動を起こすことで、社会問題に対する是正の圧力が高まり、政府や企業が対応を迫られる場面が増えると予想できます。さらに、近年では #MeToo 運動や Black Lives Matter 運動のように、若者を中心にSNSを活用した新しい形の社会運動が注目されてきました。こうした新しい運動の形態は、個々人が自らの声を上げ、社会全体の変革を促す力となるかもしれません。このような「社会運動への関心」は、日本の格差や不平等を考えるうえで重要なファクターであると言えます。

また、本書のこれまでの章では日本のジェンダーの不平等について言及してきました。

そこで本章でも、社会の不平等の一つの側面として「ジェンダーギャップ認識」に注目します。世界的にみて日本社会はジェンダーの不平等の大きな国です。東京大学の男子学生の多さはその証左でもあります。政治家の男尊女卑的な発言は後をたたず、多くの法律には男性を中心に国家を考える家父長制の思想が根強く残っています。

一方で、昨今はそのような性別による不平等に対する関心が集まり、これを変革しようとする動きも活発になってきました。歴史的にフェミニズムが担ってきた働きに加え、現代的な動きも見られます。先ほども触れた #MeToo 運動は、SNSにおける性被害の抵抗運動をめぐる女性たちの世界的連帯として大きな話題となりました。男性の暴力行動に男性たちで反対するホワイトリボンキャンペーン・ジャパンや、父親集団としてのファザーリング・ジャパンによる運動も行われてきました。これらはこれまで「有害な男性性」とされてきたものに男性自身で抵抗する運動です。

他方で、この社会はすでに十分に男女平等な社会になったと考えるポストフェミニズムの思想(7)や、家父長制秩序を支え一部では過激な暴力行為まで引き起こすミソジニー(女性嫌悪)(8)も、世界的な社会問題とみなされています。これらのバックラッシュも含めて、男女間の不平等は日本社会の中でも大きな関心が集まっている問題だといえます。

したがって本章では、重要な社会意識として「自己責任意識」「再分配支持」「社会運動への関心」「ジェンダーギャップ認識」を取り上げて分析を行います。分析では、「自己責任意識」を「生活に苦しんでいる人は、努力が足りないせいだ」という質問項目、「再分配支持」を「政府は豊かな人からの税金を増やしてでも、恵まれない人への福祉を充実させるべきだ」という質問項目、「社会運動への関心」を「社会運動や労働運動に関心がある」という質問項目、「ジェンダーギャップ認識」を「日本社会は男女間の不平等が大きすぎる」という質問項目を用いた変数として作成しました。

†東大卒業生を育む学び、学び方、課外活動

さて、これまで述べてきた格差や不平等に対する意識は、実際には個人や社会のさまざまな変数に影響を受けています。では、東大での経験と格差や不平等に関する社会意識の連関を考えるとき、主にどのような変数が影響していると考えられるでしょうか。

大学生協が行っている学生生活実態調査によると、全国の大学生は「勉強・研究」「部活・サークル」に重点を置くと答えている人が多いことがわかります。[9] 学生生活の中で重要な位置を占めるこれらの要素は、卒業後にも比較的大きなインパクトを与えると考えられます。そこで、東大卒業生の学びと経験として、本章では以下の3点に注目します。

第一に、卒業した学部です。東大卒業生は3、4年生にかけて、法学部、教養学部、経

済学部、文学部、教育学部、工学部、理学部、薬学部、農学部、医学部の中から専攻する学部を選び、専門分野を学んでいます。その学びの内容によって、社会意識へ与える影響も異なるはずです。例えば、法学部、教養学部、経済学部、文学部、教育学部のような人文・社会科学系の専門分野を学んだ学生は、工学部、理学部、薬学部、農学部、医学部のような自然科学系の学生に比べて、「勉強・研究」の中で社会的な問題が取り扱われる場合が多く、その結果として格差や不平等を理解し、それに問題意識を抱きやすくなるのではないでしょうか。

第二に、専門分野または専門分野以外の勉学に熱心に取り組んでいたかという学び方についてです。勉学が人々に与える影響は、その内容と共に熱心さも関連します。そこでこの学び方については、「専門分野の勉学に熱心に取り組んでいた」「専門分野以外の幅広い授業を積極的に履修していた」という質問から、専門分野／専門分野以外と、熱心に学んだ／熱心には学ばなかったの2軸で、4象限に分類し分析を行いました。専門分野のみならずそれ以外の分野も熱心に勉強することで、多様な学問分野の広い視点に出会うことができます。そのことは、さまざまな立場に立って社会を見ることにつながり、ひいては格差や不平等に対する問題意識を育むのではないでしょうか。

第三に、東大卒業生の部活・サークルなどの課外活動の経験です。勉強・研究というある種の能力の向上や選抜の文脈に強く組み込まれている活動とは異なり、課外活動の経験には他者への思いやりが必要とされるはずです。その中では、より多様な人々と出会い、寛容で平等的な意識を育むことが予想されます。一方で東大には、東大の女性の参加を拒絶するサークルも存在します。このような露骨な性差別を目の当たりにして、差別的な社会を認識したうえで、性差別を容認する人もいれば、反発を覚える人もいるでしょう。

すなわち、東大卒業生は人文・社会科学系学部を卒業すること、専門の学問分野にも専門以外の学問分野にも両方に熱心に取り組むこと、部活・サークルに積極的に参加することによって、自己責任意識、再分配支持、社会運動への関心やジェンダーギャップ認識に影響があるという仮説が立てられます。

したがって以下ではまず、自己責任意識、再分配支持、社会運動への関心、ジェンダーギャップ認識の平均値などを明らかにして、東大の卒業生たちがどのように社会を見ているかを把握します。次に、学部、熱心に学んだ分野、課外活動（部活・サークル等）の3つの変数を中心に、4つの社会意識への影響を、回帰分析を使用して明らかにします。その際、回答者の属性や高校での経験も、大学での学びや生活、社会意識に強く影響していると考えられますので、個人の属性を統制変数として扱います（詳しくは図表5-3の註1を参照）。

つまり、これらの影響を差し引いて、大学での学びや生活の影響の分析を行います。こうした分析によって、東大卒業生の学び、学び方、生活経験が社会意識に及ぼす、より純粋な影響を明らかにすることを目指しました。

†東大卒業生はどのような社会意識をもつか

では、東大卒業生の自己責任意識、再分配支持、社会運動への関心、ジェンダーギャップ認識の平均値（図表5－1）やそれぞれの回答の分布（図表5－2）を見て、東大卒業生の社会意識を把握してみましょう。

まず、「自己責任意識」の変数は、値が大きいほど自己責任意識に「とても賛同する」と答えている、つまり、より強い自己責任意識を持つことを意味しています。平均値は約1・9でした。回答の分布をみると「とても賛同する」「やや賛同する」と自己責任意識に賛同した人が約16％、「あまり賛同しない」「まったく賛同しない」と答えた人が約84％という結果です（図表5－2）。

ここで、全国で行われた調査の自己責任意識に関する質問項目の回答結果を見て、東大卒業生たちの回答結果と比較してみましょう。これによって、東大卒業生たちが日本社会の中で自己責任意識を強く持つグループか、逆に自己責任意識が弱いグループなのか、そ

図表 5-1 「自己責任意識」「再分配支持」「社会運動への関心」「ジェンダーギャップ認識」に対する回答の平均値などの代表値

	平均値	最小値	最大値	合計人数
自己責任意識	1.9	1	4	1644
再分配支持	2.9	1	4	1623
社会運動への関心	2.4	1	4	1633
ジェンダーギャップ認識	3.1	1	4	1644
ジェンダーギャップ認識：男性	3.0	1	4	1310
ジェンダーギャップ認識：女性	3.3	1	4	334

の立ち位置を検証できます。全国調査として、例えばＮＨＫ放送文化研究所が参加するＩＳＳＰ（International Social Survey Programme）が２０１９年に全国の18歳以上の人に対して行った「ＩＳＳＰ国際比較調査「社会的不平等」」があります。

この調査では「人が貧困におちいるのは、努力が足りないからだ」という質問項目があり、自己責任意識を質問していると解釈できます。この調査によればこの質問項目に対して「そう思う」と回答した人は全体の３％、「どちらかといえばそう思う」と回答した人は全体の19％、「どちらともいえない」と回答した人は全体の46％、「そう思わない」と回答した人は全体の13％、「どちらかといえばそう思わない」と回答した人は全体の18％、無回答は全体の１％でした。[10] つまり、自己責任意識が弱い人（「そう思わない」または「どちらかといえばそう思わない」と回答した人）は自己責任意識が強い人（「そう思う」または「どちらかといえばそう思う」と回答した人）の約３倍いたと言えます。

東京大学の卒業生たちの場合、自己責任意識が弱い人は強い人

図表5-2　4つの社会意識の回答の分布

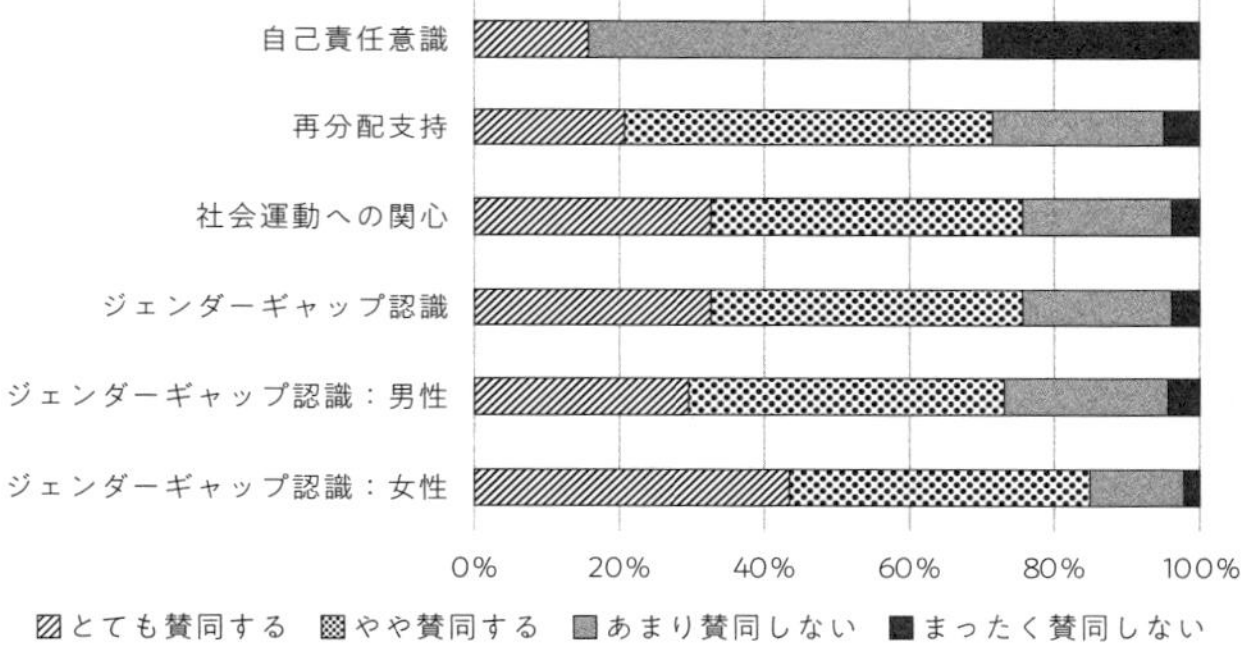

の約5倍です。このことを踏まえると、全国調査で現れた日本全体の傾向と比べたとき、東大卒業生はやや自己責任意識が弱いと言えます。

次に、再分配支持の変数は、値が大きいほど再分配支持に「とても賛同する」と答えている、つまり、再分配により賛同していることを意味しています。平均値は約2・9でした。回答の分布をみると「とても賛同する」「やや賛同する」と再分配を肯定的に答えた人が約72％、「あまり賛同しない」「まったく賛同しない」と答えた人が約28％という結果です。

再び、「ISSP国際比較調査「社会的不平等」」を見てみます。この調査には「所得の格差を縮めるのは政府の責任である」という質問項目があり、これは所得の再分配の賛否に関する質問だと考えられます。調査結果によるとこの質問に対し「そう思う」と回答した人は全体の24％、「どちらかといえばそう思う」と回答した人は全体の28％で、「どちらともいえない」と回答した人は全体の25％、「そう思わない」と回答した人は全体の8％、「どちらかといえばそう思わない」と回答した人は全体の9％でした。つまり、政府による再分配を支持した人（「そう思う」または「どちらかといえばそう思う」と回答した人）は支持しなかった人（「そう思わない」または「どちらかといえばそう思わない」と回答した人）の約3倍いたと言えます。東京大学の卒業生たちの場合、政府による再分配を支持した人は支持しなかった人の約2・5倍です。このことを踏まえると、東大卒業生はやや再分配に否定的であると言えます。

さらに、社会運動への関心の変数は、値が大きいほど「社会運動への関心」が強いことを意味しています。平均値は約2・4でした。回答の分布をみると、「とても賛同する」「やや賛同する」と社会運動への関心を肯定的に答えた人が約76％、「あまり賛同しない」「まったく賛同しない」と答えた人が約24％という結果になりました。

社会運動への関心について質問した全国調査として、NHK放送文化研究所が参加するISSPの行った2014年の「ISSP国際比較調査「市民意識」」を参照します。全国の18歳以上を対象としたこの調査では、政治的・社会的活動の経験と意欲について質問を行っています。

同調査によると、募金、政治集会への参加、デモ、政治家や公務員への意見表明、マスコミへの意見表明、ネット上での意見表明という6つの具体的な活動について、過半数の人が「今までしたことがないし、今後もするつもりはない」と答えていることがわかっています。このように「今までしたことがないし、今後もするつもりはない」と答えた人たちは、挙げられた政治・社会運動に対して無関心であると解釈できます。ちなみに、最も関心を示す人が多かった「請願書に署名」でも28%、次点の「政治、道徳、環境保護を理由に購買拒否や意図的購入」で46%の人が「今までしたことがないし、今後もするつもりはない」と答えています。[11] この結果を踏まえると、日本社会の中で東大卒業生は相対的に社会運動への関心が非常に高い集団であると言えるでしょう。

最後に、「ジェンダーギャップ認識」についてみていきます。ジェンダーギャップ認識は男女で傾向が異なると考えられます。ジェンダー間の不平等が大きい日本において不利益を抱えがちな女性の方がジェンダーギャップに気づきやすいと推測できるからです。そこで、ジェンダーギャップ認識に関しては男女別に回答の平均などの代表値や回答の分布を集計し、それらを比較しながら特徴を記述していきます。

男女のジェンダーギャップ認識の平均値を比べると、男性は平均約3・0に対し、女性は平均約3・3で、女性の方が「日本社会は男女間の不平等が大きすぎる」という質問に賛同しているということがわかります。回答の分布をみると、この質問に男性は「とても賛同する」「やや賛同する」と肯定的に答えた人が約74％、「あまり賛同しない」「まったく賛同しない」と答えた人が約26％という結果でした。一方、女性は肯定的に答えた人が約85％、否定的に答えた人が約15％で、より多くの人が日本社会の大きなジェンダーギャップを認識しています。具体的には、肯定的に答えた人は11ポイントパーセント女性の方が多いということになります。

この結果を全国の傾向と比較するために、2022年に行われた内閣府の「男女共同参画社会に関する世論調査[12]」の結果を見てみましょう。この調査は日本国籍を持つ18歳以上の5000人に対して行われた調査です。質問の中には日本社会全体における男女の地位についての項目があり、これはジェンダーギャップ認識の質問にあたると解釈できます。

調査結果によると、日本社会全体における男女の地位が「平等」であると答えた人は全体の約15％でした。男女別にみると、「平等」であると答えた女性は約10％であるのに対し、男性は約20％の人が「平等」であると答えています。この結果を踏まえると、女性の方がジェンダーギャップを感じやすいという傾向は全国の人々と東大卒業生で同じですが、女性同士、男性同士で比べると、東大卒業生たちは比較的ジェンダーギャップを感じていない傾向があると言えるでしょう。

†「自己責任意識」はどのように育まれたか

ここまで、東大卒業生たちの4つの社会意識に対する回答を、全国の世論調査の類似した質問項目と比較しつつ記述してきました。ここからはこれらの社会意識が、東京大学での学びや経験からどのような影響を受けているかを明らかにしていきます。

以下の分析では重回帰分析という統計手法を使用します。図表5-3に示したのは、東大での学び、学び方、課外活動といった3つの独立変数の回帰係数と有意確率の一覧です。文中で取り上げる変数の回帰係数と有意確率は、括弧の中でも示していきます。

第一に、自己責任意識に関する分析結果をみていきます。

まず、学部に関しては、法学部（−0.1*）、医学部（−0.2*）に有意な負の相関がありました。弱い相関ですが教養学部（−0.2+）と理学部（−0.1+）にも負の相関がみられました。つまり、工学部の卒業生と比べて法学部、医学部の卒業生、そして差は小さいですが教養学部、理学部の卒業生は自己責任意識が小さいこと、それ以外の学部の卒業生と工学部の卒業生には統計上有意な差がなかったことを意味しています。

次に、専門分野内外の勉学の熱心さについては有意な差はみられませんでした。これは、全体として、どの分野を熱心に勉強したかは自己責任意識に統計的には影響しなかったこ

図表 5-3　社会意識への東大での学びや経験の影響に関する回帰係数と一覧

	自己責任意識		再分配支持		社会運動への関心		ジェンダーギャップ（男性）		ジェンダーギャップ（女性）	
	Est	p	Est	p	Est	p	Est	p	Est	p
法学部	−0.13	*	0.05		0.63	***	0.25	**	0.16	
教養学部	−0.15	+	0.20	*	0.47	**	0.42	***	0.02	
経済学部	−0.02		−0.05		0.20		0.16	+	0.42	+
文学部	−0.05		0.15	+	0.47		0.17	+	0.21	
教育学部	−0.08		0.27	*	0.17		0.32	*	0.05	
理学部	−0.12	+	0.10		0.15		0.12		0.25	
薬学部	−0.08		0.18		0.20		−0.11		−0.21	
農学部	−0.02		−0.05		0.19		−0.09		0.26	
医学部	−0.23	*	0.43	***	0.33		0.14		−0.19	
専門内外に熱心	−0.08		0.17	**	0.51	***	0.12		0.09	
専門のみ熱心	0.01		0.05		−0.11		0.07		0.11	
専門外のみ熱心	−0.02		0.13	+	0.38	**	0.13		0.03	
課外活動に参加	−0.06	**	0.08	***	0.12	**	0.07	**	0.05	
R^2 値	0.07		0.09		0.10		0.05		0.10	
F 値	3.34	***	4.25	***	5.10	***	1.93	**	1.14	
N 数	1274		1258		1267		1004		260	

註 1）統制変数は、女性ダミー、年齢、修士／博士号の所得数、結婚ダミー、子どもの人数、月収、正社員ダミー、経営者ダミー、両親学歴、ファーストジェネレーションダミー、高校別学ダミー、公立高校ダミーとして分析を行った。
註 2）学部は、工学部を卒業した群を基準カテゴリーとした。つまり、他の学部の卒業生の群と工学部の卒業生がどう異なるかを比較した。
註 3）勉学の熱心さは、いずれの分野にも熱心に取り組んでいなかった群を基準カテゴリーとした。

とを意味します。

最後に、部活やサークルなどの課外活動について、有意な負の相関（−0.1**）がみられました。つまり課外活動に積極的に参加していた人ほど、自己責任意識が小さい傾向にあることを意味します。

†「再分配支持」はどのように育まれたか

第二に再分配支持に関する分析結果についてみていきましょう。

まず、学部に関しては、工学部を規準としたとき教養学部（0.2*）、教育学部（0.3*）、医学部（0.4***）に有意な正の相関がありました。弱い相関ですが文学部（0.2+）にも正の相関がみられました。つまり、工学部の卒業生と比べて教養学部、教育学部、医学部の卒業生、そして差は小さいですが文学部の卒業生は再分配支持が強いこと、つまり、再分配に賛同していることがわかります。そしてそれ以外の学部の卒業生と工学部の卒業生には統計上有意な差がなかったことを意味しています。

次に、専門分野内外の勉学の熱心さについては、「専門内外に熱心」（0.2**）に有意な正の相関がありました。また、弱い相関ですが「専門外のみ熱心」（0.1+）にも有意な正の相関がありました。これはつまり、専門分野かどうかにかかわらずあまり熱心に勉学に取り組まなかった人に比べて、専門以外の分野に熱心に取り組んだ人のほうが再分配を支持するようになったことを意味します。一方で、専門分野を熱心に勉強しただけでは、再分配支持に影響はみられなかったと言えます。

最後に、部活やサークルなどの課外活動について、有意な正の相関（0.1***）がみられました。つまり課外活動に積極的に参加していた人ほど、再分配支持が高い傾向にあることを意味します。

†「社会運動への関心」はどのように育まれたか

第三に、社会運動への関心についての分析結果をみていきます。

まず、学部に関しては、法学部（0.6***）、教養学部（0.5**）、文学部（0.5***）に有意な正の相関がありました。つまり、工学部の卒業生と比べて法学部、教養学部、文学部の卒業生は社会運動への関心が大きいこと、それ以外の学部の卒業生と工学部の卒業生には統計上有意な差がなかったことを意味しています。

次に、専門分野内外の勉学の熱心さについては、「専門内外に熱心」（0.5***）と「専門外のみ熱心」（0.4**）に有意な正の相関がありました。これはつまり、専門分野かどうかにかかわらずあまり熱心に勉学に取り組まなかった人に比べて、専門分野と専門以外の分野の両方、または専門以外の分野に熱心に取り組んだ人は社会運動への関心を強めたことを意味します。一方で、専門分野に熱心に取り組んだだけでは、社会運動への関心に影響はみられなかったと言えます。

そして、部活やサークルなどの課外活動については有意な正の相関（0.1**）がみられました。つまり課外活動に積極的に参加していた人ほど、社会運動への関心が強い傾向にあることを意味します。

†「ジェンダーギャップ認識」はどのように育まれたか

では第四に、ジェンダーギャップ認識に関する分析結果をみていきましょう。ジェンダーギャップ認識は男女で回答の平均値などが異なりました。東京大学での学びや経験との連関も男女で異なる可能性があります。そこで、男女別のデータでそれぞれ回帰分析を行い、それぞれの分析の結果を比較しながら検討していきます。

まず、学部に関しては、男性は法学部（0.3**）、教養学部（0.4***）、教育学部（0.3*）に有意な正の相関がありました。また、弱い相関ですが経済学部（0.2＋）、文学部（0.2＋）にも正の相関がみられました。つまり、男性の場合、工学部の卒業生と比べて法学部、教養学部、経済学部、文学部、教育学部といった文科系学部の卒業生はジェンダーギャップ認識が大きいことを示しています。一方女性は、弱い相関として経済学部（0.4＋）に正の相関がみられましたが、それ以外の学部では有意な相関がみられませんでした。

次に、専門分野内外の勉学の熱心さについては男女の両方で有意な差はみられませんでした。これは、どの分野を熱心に勉強したかはジェンダーギャップ認識に統計的には影響しなかったことを意味します。

最後に、部活やサークルなどの課外活動について、男性は有意な正の相関（0.1**）がみられました。つまり課外活動に積極的に参加していた人ほど、ジェンダーギャップ認識が大きい傾向にありました。

†東京大学の学びや生活以外の社会意識への影響

ちなみに、統制変数とした個人の属性や高校の特性、大学院に関する変数、現在の就業形態や家族などの変数は、4つの社会意識にどのように影響を及ぼしているのでしょうか。以下で、統計的に有意な結果に注目して、ごく簡単に記述します。

まず、現在収入が高く（0.0***）、結婚している（0.1*）場合、自己責任意識は高いことがわかりました。

また、再分配支持に関しては、年齢が高く（0.0***）、収入が高い（0.0***）場合、再分配支持が高いことがわかりました。一方、結婚している人（－0.2**）は再分配支持が低いことがわかりました。

さらに、社会運動への関心については、年齢（0.0***）や収入（0.0*）が高い人は社会運動への関心は高いことがわかりました。一方、正社員（－0.3**）または経営者（－0.4**）である人は、社会運動への関心が低いことがわかりました。

最後に、ジェンダーギャップ認識に関して、男性の場合、相関は弱いですが子どもの多い人（0.1＋）がジェンダーギャップ認識を強く持つとわかりました。対して女性の場合、父親の学歴が高い（0.1**）ほどジェンダーギャップ認識を強く持つとわかりました。

紙幅の関係で全ての変数を取り上げることはできませんが、有意な傾向が多く見られた収入と結婚と社会意識の関係について、少し考えてみます。収入が高い人や結婚している人には、自己責任意識が強い傾向がみられました。このような意識の背景には、経済的安定や結婚生活を自分の努力で成り立たせているという自負があるのかもしれません。また、結婚している人に再分配を支持しない傾向があるのは、社会的責任を果たすことよりも、家庭の安定を優先させる意識が強くなっていることが一つの要因かもしれません。さらに、収入の高い人は、社会運動への関心が高い傾向がありました。自己責任意識の強さと再分配への否定的な姿勢を踏まえると、格差や不平等に対抗するためというよりも、社会のトレンドを把握するなどの理由で社会運動に関心を寄せている可能性があります。

†専攻と学び方で育まれる社会意識は異なるか

ここまで、東大卒業生たちの自己責任意識、再分配支持、社会運動への関心、ジェンダーギャップ認識という4つの社会意識への、大学での学び、学び方、課外活動などの影響をみてきました。

ここで浮かび上がる疑問は、学び方の社会意識への影響は、学ぶ内容、つまり学部によって異なるのではないかという点です。例えば、法学部の学生が法学部の勉強に熱心なことと、工学部の学生が工学部の勉強に熱心なことでは、格差や平等に関する社会意識への影響が異なるのではないでしょうか。

そこで、卒業した学部別に、専門分野の勉強に熱心に取り組んだ、専門以外の分野に熱心に取り組んだ、専門分野も専門以外の分野も熱心に取り組んだと答えた人が、どちらも熱心に取り組んでいないと答えた人と比べてどのような社会意識を持つ傾向にあったかを、それぞれみていきます。そのために、卒業学部別のデータでそれぞれ回帰分析を行いました。

図表5－4は学部ごとのデータについて、自己責任意識、再分配支持、社会運動への関

心、ジェンダーギャップ認識の4つの社会意識を従属変数、学びの熱心さを独立変数、これまでの回帰分析と同様にジェンダー、年齢、年収、雇用形態、結婚の有無などを統制変数とした回帰分析を行い、それぞれの結果から学びの熱心さの回帰係数と有意確率を一覧表にしたものです。

学部ごとの回帰分析で学びの熱心さに有意差が見られた結果に注目すると、自己責任意識については、教育学部（−0.3*）、工学部（−0.1*）の卒業生、そして弱い相関ですが文学部（−0.1+）、薬学部（−0.4+）の卒業生の「専門内外に熱心」には有意な負の相関がみられました。つまり、教育学部、工学部、薬学部、文学部の卒業生の中で勉強に熱心ではなかった人と比べると、専門分野もそうでない分野も熱心に勉強していた人は自己責任意識が弱かったことを意味します。

興味深いのは、文学部（0.2*）と教育学部（0.3*）の卒業生の「専門のみ熱心」には有意な正の相関がみられたことです。すなわち、文学部と教育学部の卒業生は専門も専門以外も熱心に勉強する人は自己責任意識が弱いのですが、専門のみでは逆に自己責任意識を強めているのです。このことは、専門分野を含めた幅広い分野を学ぶ姿勢が自己責任意識を弱めるのに重要であることを示唆していると考えられます。

次に、再分配支持については、教育学部の「専門内外に熱心」（0.3*）と「専門のみ熱

農	専門内外に熱心	0.05	−0.18	0.57	+	0.09
	専門のみ熱心	0.03	−0.03	0.19		0.10
	専門外のみ熱心	−0.15	−0.02	0.69	+	0.02
	N 数	74	72	74		73
医	専門内外に熱心	0.11	0.21	−0.08		−0.02
	専門のみ熱心	0.05	−0.02	−0.01		0.34
	専門外のみ熱心	0.03	0.22	−0.25		−0.04
	N 数	49	49	49		49

註 1）統制変数は、女性ダミー、年齢、修士／博士号の所得数、結婚ダミー、子どもの人数、月収、正社員ダミー、経営者ダミー、両親学歴、ファーストジェネレーションダミー、高校別学ダミー、公立高校ダミー、課外活動の参加とした。
註 2）専門内外の分野のいずれにも熱心に取り組んでいなかった群を基準カテゴリーとした。

図表 5-4　学部ごとの社会意識への東大での学び方の影響に関する回帰係数と有意確率の一覧

学部		自己責任意識		再分配支持		社会運動への関心		ジェンダーギャップ認識	
		Est	p	Est	p	Est	p	Est	p
法	専門内外に熱心	−0.07		0.07		0.65	**	0.02	
	専門のみ熱心	−0.07		−0.09		0.26		−0.08	
	専門外のみ熱心	−0.04		0.04		0.21		0.15	+
	N 数	179		177		178		177	
教養	専門内外に熱心	−0.08		−0.01		0.19		−0.09	
	専門のみ熱心	0.02		0.22		−0.56		0.14	
	専門外のみ熱心	0.11		−0.07		0.46		−0.01	
	N 数	88		88		85		86	
経済	専門内外に熱心	−0.02		0.07		−0.09		0.01	
	専門のみ熱心	0.03		−0.04		−0.10		0.10	
	専門外のみ熱心	−0.11		0.12		−0.19		−0.03	
	N 数	139		137		139		137	
文	専門内外に熱心	−0.10	+	0.06		0.26		0.02	
	専門のみ熱心	0.21	*	−0.03		−0.51		−0.25	**
	専門外のみ熱心	−0.07		0.04		0.22		0.21	*
	N 数	159		156		158		157	
教育	専門内外に熱心	−0.29	*	0.27	*	0.14		0.47	***
	専門のみ熱心	0.28	*	0.20	*	0.79		−0.03	
	専門外のみ熱心	0.08		0.01		−0.42		−0.08	
	N 数	67		65		67		67	
工	専門内外に熱心	−0.10	*	0.17	***	0.29	*	0.08	
	専門のみ熱心	0.07		−0.12	*	−0.09		0.02	
	専門外のみ熱心	−0.05		0.03		0.22		−0.03	
	N 数	328		327		330		329	
理	専門内外に熱心	0.03		0.10	+	0.26		0.25	***
	専門のみ熱心	−0.01		0.02		0.17		−0.12	
	専門外のみ熱心	−0.10		0.02		0.42		−0.07	
	N 数	162		159		159		160	
薬	専門内外に熱心	−0.39	+	0.15		0.87		0.00	
	専門のみ熱心	0.77		−0.33		0.00		−0.42	
	専門外のみ熱心	−0.14		−0.13		3.20	**	0.65	+
	N 数	29		28		28		29	

心」(0.2*)、工学部の「専門内外に熱心」(0.2***)、弱い相関ですが理学部の「専門内外に熱心」(0.1+)には有意な正の相関、つまり再分配を支持する傾向がみられました。一方、工学部の「専門のみ熱心」(−0.1*)には有意な負の相関がみられました。つまり、工学部の中では、勉強には熱心ではなかった人と比べて、専門分野もそれ以外の分野も両方を熱心に勉強していた人は再分配を支持する傾向がありますが、専門だけを熱心に勉強していた人は再分配を支持していない傾向があります。つまり、工学部の卒業生の再分配支持においても、専門分野を含めた幅広い分野に関して学ぶことが重要であると示唆されます。

さらに、社会運動への関心については、法学部の「専門内外に熱心」(0.7**)、工学部の「専門内外に熱心」(0.3*)、薬学部の「専門外のみ熱心」(3.2**)、弱い相関ですが農学部の「専門内外に熱心」(0.6+)、「専門外のみ熱心」(0.7+)では有意な正の相関がみられました。この結果から少なくとも、法学部、工学部、薬学部、農学部の卒業生にとって、専門外の分野の勉強は社会運動への関心の向上に重要であった可能性が考えられます。

最後に、ジェンダーギャップ認識についてみてみましょう。本来はジェンダーギャップ認識の男女の傾向が異なるため、学部別に分析をする際も男女別で分析したいところです。しかし、学部によっては女性の卒業生がとても少ない学部もあり、男女と10学部で20グループのデータを分析するとなると、回帰分析に耐えられる人数ではなくなってしまうグループが出てきてしまいます。よって今回の分析は男女でデータを分けずに、統制変数に女性ダミーを入れた回帰分析の結果を示します。

有意差のある変数を見ると、文学部の「専門外のみ熱心」(0.2*)、教育学部の「専門内外に熱心」(0.5***)、理学部の「専門内外に熱心」(0.3***)、弱い相関ですが法学部の「専門外のみ熱心」(0.2+)、薬学部の「専門外のみ熱心」(0.7+)では有意な正の相関がみられました。一方、文学部の「専門のみ熱心」(−0.3**)では有意な負の相関がみられました。つまり、ジェンダーギャップを認識するようになるには、法学部、文学部、教育学部、理学部、薬学部の卒業生にとって専門外の学習が重要だと言えます。逆に、文学部の卒業生にとって専門分野のみを熱心に勉強することは、ジェンダーギャップを認識しにくくしている可能性があります。

†まとめと提言

本章の分析結果をまとめると、以下のようになります。

まず、東大卒業生は日本社会の中で、貧しさはその人の責任ではないと考える人が多い一方で、政府は豊かな人からの税金を増やしてでも貧しい人への福祉を充実させるべきだと考える人は少ない集団だとわかりました。また、社会運動への関心が高い一方、日本は男女平等な社会だと考える人は相対的に多い集団であるといえます。

次に、大学時代の学びや経験と社会意識の関係として、いくつかの学部、特に教養学部、医学部を卒業すること、専門分野も専門以外の分野も熱心に学ぶこと、サークル・部活に積極的に参加した経験を持っている人は、自己責任意識が低く、再分配支持、社会運動への関心が高い傾向がありました。

興味深かったのが、工学部より医学部の卒業生は自己責任意識が低く、再分配支持や社会運動への関心が高い傾向があったという結果です。今回の分析でその要因を説明することはできませんが、もしかすると、医学部の卒業生は就職先の病院において、さまざまな社会的立場の人々と日常的に触れ合う機会が多いことが関係しているのかもしれません。

また、男性のジェンダーギャップ認識に関しては、すべての文科系学部の卒業生が工学部よりも優位に高いという結果でした。さらに、男性のサークル・部活に積極的に参加した経験も、日本がジェンダーギャップの大きな社会であるという見方を支えていました。このことから、「東大女子お断りサークル」のような性差別的な雰囲気は東大生全体に内面化されているわけではなく、むしろそのことに対抗意識を持つ人が多いと解釈できます。

最後に、学部ごとに熱心に勉強した分野と社会意識の連関を分析しました。その結果、いくつかの学部では熱心に勉強した分野がある人のほうが、熱心に勉強していなかった人よりも自己責任意識が低く、再分配支持、社会運動への関心、ジェンダーギャップ認識が高い傾向がありました。多くの学部では専門外の分野を熱心に学ぶことがこれらの影響を及ぼすことが示唆されました。ただし、何も熱心に勉強していなかった人よりも、文学部や教育学部で専門分野のみ熱心に学んだ人は自己責任意識が高く、工学部で専門分野のみ熱心に学んだ人は再分配を支持しにくくなり、文学部で専門分野のみ熱心に学んだ人はジェンダーギャップを感じにくい傾向がありました。

以上の知見を踏まえて、東京大学や日本社会に対して示唆を引き出すとすればどのようなことが言えるでしょうか。考えられることを以下に3点あげてみます。

それは第一に、日本の学歴エリートたちの社会に対する理解の仕方は、必ずしも格差や不平等を是正する方向に向かうものではないということです。従来、社会の中で高学歴層はリベラルな思想を持ち、貧困者の社会救済などの所得の再分配やマイノリティの社会の包摂に対して寛容な傾向があると考えられてきました。

一方、昨今の社会調査ではそれとは異なる結果が示されています。政治学者の竹中佳彦は2018〜19年エリート調査および2019年有権者調査のデータの分析を行い、高学歴であるほどジェンダー平等的である一方で、累進課税を強化することに反対する傾向があることを明らかにしています。[13] この知見は本章の「再分配支持」の低さと合致します。

すなわち、日本社会の中枢を担う可能性の高い東大卒業生たちの集団が、格差や不平等の是正に積極的でないという問題を抱えていることが示唆されています。対して、東大卒業生たちのジェンダーギャップ認識の低さは日本の学歴エリート層の問題というより、東大卒業生たちの問題と言えそうです。

第二に、東京大学が大学全体として格差や不平等に対して「Ｎｏ！」をより一層明確に打ち出す必要性があると考えられます。前述したように、日本社会のエリート層には自己責任支持が普及し、格差を是正するための富の再分配に不寛容になっています。東京大学の卒業生も、日本全体からみると自己責任意識が高いわけではありませんが、再分配には不寛容な傾向にありました。

本書の第三章でも指摘されたように、たゆまぬ努力によって東大卒業生たちが獲得した社会的な地位が、他者を見下し、社会の分断を促進することにつながることは断固として避けるべきです。東京大学の教育理念には、育む学生像として「市民としての公共的な責任を引き受け[14]」ることが挙げられています。格差や不平等に対して抵抗することは、公共的な責任に含まれるはずです。

大学生活の重要な要素であるサークルなどの課外活動も社会意識に有意に影響していることが多かったことをみると、東京大学の教育だけでなく風土として、格差や不平等に抵抗する風潮を学内で高めることの重要性が指摘できるでしょう。

第三に、大学教育の中で何をどのように学んだかが社会意識に影響することを示唆する結果や、学部ごとの違いをみると、東大全体と同時に学部単位での教育理念や、その理念が教育によって実際に達成されているのかについての自己点検が必要だといえるでしょう。そのときに本章の知見が有益な参照点となるはずです。具体的には、相対的に自己責任意識が高く、再分配支持や社会運動への関心が低かった、工学部、経済学部、薬学部、農学部は、ほかの学部とどこが異なるのかを考える必要があるでしょう。また、理系学部の男子学生は文系学部の男子学生よりもジェンダーギャップを感じにくい傾向がありました。一方で、女子学生は文理によるちがいは顕著ではありませんでした。これには、もともと人文・社会科学系の学部の学生の方が社会問題に興味があること以上の要素が考えられるのではないでしょうか。例えば、東京大学の中でも理系学部は男子学生の割合が顕著に多いことが関係しているかもしれません。つまり、男性を中心に構築されている集団で生活したために、マジョリティ側である男性は、卒業後の社会生活で男性社会に違和感を持つこと自体がないのかもしれません。

本章で示してきたことは、東大卒業生たちの社会意識が必ずしも格差や不平等の是正に積極的でないことを示唆し、日本社会の中枢にいるエリート層がどのように社会的責任を捉えるべきかを再考する必要性を浮き彫りにしています。東大が掲げる「公共的責任」の涵養が実現されるためには、学部単位での教育や大学全体の風土が社会的課題に敏感であることが欠かせません。このような学びの環境を整備することは、次世代のリーダー層が広い視野で社会的責任を果たすための重要な一歩であるといえるでしょう。

註

（1）麻生誠『日本の学歴エリート』玉川大学出版部、1991年、323頁。

（2）例えば、竹中佳彦「現代日本のエリートと有権者の平等価値の構造」『理論と方法』第38巻2号、252〜271頁。柴内康文「「自己責任的信念」の規定因およびその帰結」池田謙一編『日本とアジアの民主主義を測る――アジアンバロメータ調査と日本の21世紀』勁草書房、2021年、89〜106頁。有海拓巳「若者の社会観・意識と変容」乾彰夫・本田由紀・中村高康編『危機のなかの若者たち――教育とキャリアに関する5年間の追跡調査』東京大学出版会、2017年、313〜334頁など。

（3）ＯＥＣＤホームページ「Income inequality」(https://www.oecd.org/en/data/indicators/income-inequality.html［2024年10月25日取得］)。

（4）厚生労働省「2023（令和5）年国民生活基礎調査の概況」(https://www.mhlw.go.jp/toukei/saikin/hw/k-tyosa/k-tyosa23/［2024年10月25日取得］)。

（5）ＯＥＣＤホームページ「Poverty rate 2021」(https://www.oecd.org/en/data/indicators/poverty-rate.html?oecdcontrol-8027380c62-var3=［2024年10月25日取得］)。

（6）マイケル・サンデル、鬼澤忍訳『実力も運のうち——能力主義は正義か？』早川書房、２０２１年。

（7）菊地夏野「ポストフェミニズムから99％のためのフェミニズムへ」『女性学』第29巻、２０２１年、12〜22頁。

（8）ケイト・マン、小川芳範訳『ひれふせ、女たち——ミソジニーの論理』慶應義塾大学出版会、２０１９年。

（9）全国大学生活協同組合連合会「第59回学生生活実態調査　概要報告書」２０２４年（https://www.univcoop.or.jp/press/life/report.html［２０２４年11月1日取得］）。

（10）小林利行「減少する中流意識と変わる日本人の社会観——ＩＳＳＰ国際比較調査「社会的不平等」・日本の結果から」『放送研究と調査』２０２０年。

（11）小林利行「低下する日本人の政治的・社会的活動意欲とその背景——ＩＳＳＰ国際比較調査「市民意識」・日本の結果から」『放送研究と調査』２０１５年。

（12）内閣府「男女共同参画社会に関する世論調査（令和４年11月調査）」２０２２年（https://survey.gov-online.go.jp/r04/r04-danjo/［２０２４年10月26日取得］）。

（13）竹中佳彦「現代日本のエリートと有権者の平等価値の構造」『理論と方法』第38巻2号、２０２３年、２５２〜２７１頁。

（14）東京大学ホームページ「アドミッション・ポリシー」（https://www.u-tokyo.ac.jp/ja/admissions/undergraduate/e01_01_17.html［２０２４年10月30日取得］）。

おわりにかえて――座談会「東大卒」を考える

本田　本書の最後に、執筆者のみなさんから、各章や全体について率直な感想やお考えをうかがってまとめたものを収録したいと思い、この座談会を開催させていただきました。

まず、東大卒業生調査を実施した経緯についてお話ししておきます。私は学内の学生や教職員に対してハラスメント経験などを質問した「ダイバーシティ調査」の報告書の取りまとめの座長を担当しました。そこで、在籍者に対してはこうした調査が実施されているけれど、東大卒業生に関するデータはほとんど存在しないのではないか、それなら自分で調査をしてみようという気持ちになり、このアンケートを実施しました。

回答負担の大きい調査に応じてくださった方々ですから、その分、サンプルバイアスも大きいことは想像されます。ですから、今回の調査をパイロットとして位置づけ、本当は東大が公式にきちんと調査を実施すべきだと考えています。分析には私の指導生で博士課程に在籍している（いた）方々に加わってもらって、できるだけご関心に沿うような形で、章の構成や担当などを決めました。

それぞれの自己紹介やこれまでの経験、なぜこのテーマで書いてみたいと思ったか、分析してみて何が一番面白かったか、あるいはショックを受けたかについて、お話しいただけますか。


久保　私が今回「地方女性」をテーマにしたのは、私自身が地方出身の女性で、行きたい大学に行かせてもらえなかったという過去の経験からです。高校生のときはいわゆる難関大学を目指していました。ですが親や周囲の支援や理解が得られず、志が折れてしまったという事情がありました。

その後にキャリアを変遷してきた中で、やはりやりたいことをやっておきたいという思いから東京大学を受験しました。なので、「東大に進むことができた地方の女性はどういう人なのかな」という素朴な疑問がありました。私自身は地方育ちで、両親は非大卒。家族からも親戚からも大学に関する情報などが全然入ってこない中で、なんとなく本を読むのが好きで、なんとなくテストの成績が良くて、なんとなく学問で身を立てられたらいいなと思っていた子ども時代でした。その中で、一生懸命勉強して東大に行ったら、いいことが待っているんじゃないかと思っていました。

ただ、実際に入学してみると、思っていたのと違うぞと感じました。例えば、今回の調

査の自由記述回答では、地方出身の女性が差別される状況が記述されていました。私は子どもの頃、東大に入った人たちは恵まれていて、目的を達成しているのだから、弱者やマイノリティを含む周りに優しい人たちに違いないと勝手に思い込んでいたんです。

ですが、どうやらそうではないと、だんだんわかってきました。彼／彼女らの一見優しそうで知的に振る舞う陰には、彼／彼女らが理解のできない、相容れない弱者やマイノリティを差別し、排除する力学が働いているかもしれないと。地方女性に焦点をあてつつ、その対極にあるマジョリティの側面も記述できたと思っています。

近藤　私も、地方出身ではあるんですが、本書の執筆者の中では唯一の男性です。そして、高校は進学校卒で、学部は慶應義塾大学、修士課程から東大に進学したので、世間的には勝ち組、エリートと見なされる人間だと思います。けれども、自分が学部で慶應に入学したとき、なんとなく疎外感があったんです。というのも私自身が、第二章のテーマでもある大学第一世代なんですね。

大学に入る前は、大学に進学すればみんな同じところからスタートするって思っていたんです。ですが、実際は全然違った。慶應の場合は附属高校から進学してくる内部生がいるので、スタートラインからして違いますよね。それ以外にも一家全員が慶應出身とか、名門大学を出てますみたいな人たち、あるいは家族に大学教授や研究者がいるとか、なんなら家族全員大学院を修了しているとか、そんな人がいっぱいいた。対して、我が家は私が大学院に進学すると言っても、応援はしてくれたのですが、「大学院入試って落ちることあるの？ 修士と博士の違いって何？」というところから始まるんですよ。こうした経験から、一見一枚岩の「学歴エリート」の中にも、グラデーションや断絶があるのではないかという問題関心が生まれました。

本書が対象とする東大卒は、世間的には究極の学歴エリートです。そんな彼らの中にもある格差や分断を描けたら面白いと思いました。第二章で一番印象深かった分析結果は、課外活動や大学外の人脈が、第一世代の方が少なかったことです。私自身、いわゆるエリート家庭出身の同級生たちは、振る舞いが洗練されていて、社交的で、学生生活におけるあらゆるチャンスを進んで摑みにいける、そういう要領の良さや器用さがあるということをずっと感じていました。今回その実感がデータから裏付けられたように感じます。

本田　生々しくて、かつ人生に刻み込まれているような事柄を、久保さんと近藤さんの間でうまく分担して扱ってくださったと思います。私は卒業後の仕事の話を担当させてもらいました。全体として東大卒は明らかに有利なのですが、その中でも出てくる男女の違いや、大学に入る前の高校の設置者や第一世代などの影響が、サンプルサイズの問題なのか特に男性で出てくることに驚きました。「ロング・アームズ・オブ・東大入学前」みたいな感じで、それが一番印象的でした。

あとは、東大はさまざまな専門職をせっせと養成している大学なのだということです。世の中でよく言われるのは、東大卒であれば大学名だけで生きていけるということだと思いますが、全然そうではなかった。大学名の有利さはもちろんあるとしても、それに加えてかなりアグレッシブにプラスαの学位を取る、国家資格を取る、あるいは転職する。最初の教育歴が有利だった人ほど、そうしたプラスαの行動の効果が大きいということは、いわゆる「マタイ効果」と呼ばれます。それを知ってか知らずか、自分たちの立ち位置を活かしてガツガツ生き延びていこうとしている様子がうかがわれました。

もう一つ、専門職に関していえば、同じ東大卒であっても、女性は男性と比べれば、悔しいことに収入にも差がある中で、国家資格や博士学位を持っていると、かなりキャッチアップできるということです。最近の研究で、東大に女子が来てくれない理由として、女子は難関大学志向より専門職志向が強いからと言われることがあります。ですが、いやいや東大でもいろんな専門職になれますよ、各学部でいろんな資格につながっていますよ、実際にそうやって卒業して生きている女性たちはたくさんいますよということは、世の中に向けて発信してもいいかなと思います。

私自身はどこに行っても常に浮いている、馴染めない一生を送ってきました。地元にいても、どこにいても違和感だらけなんです。それで、なぜか勉強だけはできたので、ガリ勉で勉強して、一応は東大に潜りこみました。その後も要領が悪いので、他の人たちがサクサク就活しているときに卒論の調査のために時間を使ってしまい、就活が全然できなかった。そんな消去法的な理由もあって大学院に進学して、今に至る感じです。

こんなプロセスで大学院に入りましたが、たぶんこれ以外の道だったら絶対生きていけてなかっただろうなと思います。生きづらい女子たちにはこういう道もありますよ、とは言っていきたいです。研究者の世界は、論文さえ出せば、男女関係なく業績になります。論文の査読は匿名ですから、男女差別はないはずです。

中野 私は、女性である以外は、都心の出身、大卒の親……と、特権をもつマジョリティ側です。ただマジョリティでいることで得られてしまう特権には多少の自覚と疑問があったと思います。幼稚園から国立の附属に入って中学まで内部進学したのですが、幼稚園に入れたのはほぼ運なのに、その後小学校に進んで制服を着て歩いていると、大人から「いっぱいお勉強したのね」と褒められるんですよね。そのことについて何かおかしくない？

学歴って何？　と思っていました。中学のときに友達のお兄さんが東大を目指して浪人したという話を聞いて、東大ってそんなに偉い？　と思い、はじめて東大を意識したことを覚えています。高校は受験し別の国立附属に進学し、東大や学歴社会を批判するなら東大に入ってからするかと、東大の文科三類から教育学部の比較教育社会学コースに進学することを目指しました。

入学後は、周囲の学生の、東大入学がゴールであとはサークルと飲み会に勤しむか、司法試験や公認会計士のダブルスクールに向かうか……という空気に疑問を感じました。学部時代は、大学生活の過ごし方にはもっと多様な選択肢があるということを取材して冊子にまとめたり、授業紹介冊子の作成や高校生向けのガイダンス改革などを実施したりしました。こうやって大学時代に「自分が変えてやる！」みたいな勢いで動けたのも、一種の傲慢さがあってのことで、恵まれた場所にいたからできたのだということも感じます。

なので、大学時代はあまり苦労したと感じなかったのですが、私が初めて属性等の要因で差別されたことを意識したのが、企業で働き始めて、ライフイベントが訪れてからです。それをきっかけに大学院に通い、修士論文を『「育休世代」のジレンマ』（光文社新書、2014年）という本にしたのですが、今回のテーマも、東大卒女性が壁に直面しているとしたら家族形成においてではないかと思い、担当しました。

実際に分析して、まとめていく上で悩んだのが、東大の女性が意外と世間のイメージよりうまくいっているという分析結果を、どう見せるのが良いかという点でした。世の中一般の女性より相対的に恵まれていて東大まで来た人たちが、家族形成も順調ですというのは、言いにくい面もあります。「勝ち組」とみられる側は、苦労していると言っても、うまくいっていますと言っても、どちらでも批判されやすいので。ただし、東大に女子の志願者が少ない背景として、ロールモデルが少なくて、親も高校生も敬遠してしまうということがある。それに対して、高学歴だから結婚できないなどということもないし、仕事と子育てのどちらかを諦めないといけない姿ばかりでもないということは、やはり見せた方が良いと考えながら書きました。

九鬼 私は修士で東大に入って、学部生のときは中堅どころの女子大にいました。いま専門的に研究しているのはジェンダー関係のことなのですが、最初にジェンダーの研究がしたいとその女子大でのゼミで話したときに、「日本社会は男女平等なのに、どうしてジェンダーの研究をするのか」という質問を同級生からされたことがありました。ポストフェミニズム的な発言ですよね。

その方は、自分は他大のインカレサークルに入っていて、そこでは男女平等だと言うんです。にもかかわらず、そのサークルの合宿で、寝ているときに男子学生が女子学生を襲ってレイプ未遂になったみたいな話をされて、私はそれってぜんぜん男女平等とはいえないと感じたんですね。つまり、ジェンダーに関する意識が人によって全然違うと思いました。それで、エリート層と言われる東大の卒業生で、影響力の大きいところに行きがちな人たちが、主観的にどのように社会を認知しているのか、それが出身学部や大学での学習の仕方、サークルの参加によってどう違うのかというところを知りたくなりました。

ジェンダー以外でも、東大で学際的な授業のTA（ティーチング・アシスタント）をやっていて、差別に関する授業でディスカッションをしてもらったときに、差別的な発言をした学生がいて、それを学生同士で止められないということがありました。このように、それまで学習してきた内容や、その人の背景によって社会の見方に差があると感じていたので、本書では社会意識や価値観に関する章を担当しました。

分析結果では、卒業後の状況を統制しても、どの学部出身か、大学時代に専門分野をどれぐらい熱心に勉強したか、あるいはサークル活動に参加したかが、社会意識への効果として残るのが意外でした。大学時代の学生生活は、社会意識にぜんぜん影響しないという結果になる可能性もありましたが、そうではなかった。それから、社会意識は、結婚しているかどうかでかなり違いがありました。配偶者がいると再分配支持が減るんです。自分たちの家庭を優先するような意識になってしまうのかな、と。

近藤　配偶者がいると再分配支持が減るというのは、そもそも彼／彼女らがお金を持っていて、自分で投資できてしまう人たちだからということもありますよね。一般家庭だったら、もしかすると再分配してもらったほうが、自分の子どもに恩恵があると考えそうですが、東大卒の場合は逆に、自分で子どもにもっとお金をかけたいという意識があるのかもしれない。

中野　高学歴で、大企業で働いている子育て中の女性が「私はめちゃくちゃ税金を払っているのに、自分の子が保育園に入れなくて、生活保護受給世帯や非課税世帯が保育園に入れるのはおかしい」と言うのをたびたび聞くことがあり、再分配という発想がないんだと驚きます。もしかすると、相対的には恵まれている中ではあるけれど、仕事と家庭の両立にすごく苦労していて、マジョリティの中のマイノリティとしてのねじれた被害者意識があるのかなと。

本田　困窮状態にあったり働けていない人のための社会保障に自分たちが払った税金が使われることに対して否定的な人というのは、日本社会に相当います。

中野　本田先生の授業で読んだ文献で、もともとの富裕層と、低い出身階層からはい上がった富裕層では、後者のほうが自己責任論を支持しやすいという研究結果がありましたが……。

本田　本当に「育ちが良い」人たちは、品よく育ってきていて、「なんであいつらが」みたいな意識さえ持っていないことがあります。問題は、苦しい状況の人たちに思いが至らないことによって残酷なことをしがちだということです。

たとえば、大学運営の権限を握っている人たちが、生活が苦しいので授業料上げないでくださいと声を上げる学生の切実さを想像できない。「たかが授業料が10万円ぐらい増えるだけじゃないの。どうしてそんなに反発してくるの？」という感じで。他方で、生活の苦しさを多少とも経験していたり、あるいは自分もうかうかしていたらそこに落ちてしまうかもしれないという気持ちを持っていたりする人は、自分がなんとか勝ち得たものをもぎ取られたくないというどす黒さを持ちがちかもしれません。

近藤　第三章で本田先生が書かれている「東京大学が卒業生の製造者責任を果たすための教育」、ぜひやっていただきたいと思うんですけれども、結局、格差や差別の問題があると教えられただけでは意識は変わらないのかもしれません。「社会にはこういう現実があります、その中で東大や東大卒は勝ち組です」と教えるだけだと、文字通り、自分たちが特権的な位置にいるということだけを学んでしまう可能性もあるからです。そうではなくて、教育社会学者の麻生誠さんが『日本の学歴エリート』（講談社学術文庫、２００９年）の中で指摘しているように、一種の「道徳的な義務」として学歴エリートであることを引き受けてもらうにはどうしたらいいのでしょうか。

本田 下手に格差なんか教えてしまうと、授業のコメントシートに「自分は恵まれていて、お父さんお母さんありがとう」とか、「自身の幸運に感謝感謝」みたいな感想が出てきたりします。

近藤 ほかには、「この格差社会を勝ち抜かせてあげるために自分の子どもにはしっかりサポートしないと」などと考えてしまう学生もいますよね。下手をすると、格差の是正とは真逆の方向に行ってしまう。

久保 第一章でも書きましたが、背景や立場が異なる者同士でコミュニケーションを取れる機会があったらいいのかなと考えています。放っておいたら同質的な集団で固まってしまいがちな状況にあるので、例えば、地方出身女性と東京圏出身男性が対等な形でコミュニケーションを取れる機会はないだろうかと、書きながら思っていました。

九鬼 でも、そうした対等な議論やコミュニケーションをするためには、ある程度人数比の対等性も、その前提として重要になってくるんじゃないかな。

近藤 人数とか権威、権力みたいなものが非対称なままで、両者を無理やり付き合わせても、マイノリティ側がいっそう苦しむだけではないかという気がします。そして、単に物理的な空間を共有していても、相手のこれまでのライフコースなど深いところにまで話が及ばないかぎり、例えば相手が第一世代であるかどうかなんてわかりません。ですから、単純に居合わせるだけではなくて、どこまで深い対話ができるかということにかかっているのではないでしょうか。

久保　人数比が「対等」になるのを待っていたらいつになるかわかりませんから、いまをどうするべきか考えたいですよね。例えば「アクティブラーニング」という名目でディスカッションを取り入れている授業は東京大学でも多くあって、だれでも半ば強制的に参加させられます。

しかしグループを作って「話し合って」というだけだと、ディスカッションに慣れていない――例えば、かつて読書家で東大を目指す仲間が少なかった地方の女の子だったようなな――学生は喋ることができず、実りが少ないものになってしまうかもしれません。それでも、例えば全員が必ず2分間は発言するとか、発言に対しては肯定的な反応をするとか、そういった心理的安全性を担保するルールを設けることで、うまくコミュニケーションが取れるようにできないかと思います。

さらに、それはマジョリティはマイノリティの意見に耳を傾け、マイノリティはこれまでできなかった自分の意見を発言する訓練になるのではないかと。私自身、授業中に教員から「話し合って」と言われて放っておかれるディスカッションにはうまく参加できず、シュンとなることが多かったのですが、このようなルールのある授業は、非常に実りがありましたし、自己肯定感が上がった感覚がありました。そういう授業で行われる、他者を尊重した小さな対話の積み重ねが、「深い対話」につながっていくのではないかと思います。

中野　海外の大学のオリエンテーションで、多様性理解のためのワークショップがされている大学もあると聞きます。そもそも米国の大学では、第一世代の学生を制度的に支援する仕組みがあることも。でも日本では、第一世代という言葉も広まってないし、東大においては女性のマイノリティ性ですら、ようやく知られるようになってきたという状況です。過少代表性を持つカテゴリーをうまく認識のレベルまで上げて支援するような取り組みが必要だと思います。

東大が授業料を10万円値上げするにあたって、その補償として学費免除対象者の世帯年収上限額がこれまで400万円までだったのを600万円まで引き上げます、という説明がありました。そのときに、「当たり前に10万円低かった今までの学費で通えるのと、免除の申請をして通うのは違うんだ」という意見をSNSで見かけました。確かに申請方式だと、免除されたあとも病気で休学したりして免除が撤廃されないかと怯えつつ通わないといけないなどの問題点はあり、なるほどと思う一方で、学費免除がスティグマのように感じられているのだとしたらそれはそれで問題かもしれないと思いました。
本来は、不利な環境から東大に進学できたのは評価されていいことで、特待生のようなポジティブなカテゴリーとして捉えられてもいいはずです。第一世代についても、ネガティブに広めるべきではないですよね。ポジティブに広めていけるといいのですが。
近藤　海外だと第一世代が可視化されていますが、少なくとも極端にスティグマ化されているような感じはしません。まずは認知されないことには始まらない。その上で、それが弱者の証みたいになることには絶対に反対します。関連して、本書はあくまでも統計的な傾向の話をしているので、例えば「大学第一世代は社交性が低い」といったように、本書の知見が一面的に切り取られてはいけないということも強調しておく必要があります。
そもそも本書は、社会の中の東大生イメージや、社会で流布する偏見に対して、「そうじゃないんだ」ということをデータで突きつける狙いがあります。それなのに、本書の知見が新たな偏見やスティグマを生んでしまっては、本末転倒です。
本田　本書の著者は全員、ここまでお話しいただいたご経歴や問題関心のご説明からしても、東大に非常に違和感を抱いていた面があって、この本はデータや分析手法という道具を駆使してその違和感を形にしようとした作品であることは確かです。
中野　東大の中でも、私たちが所属している（いた）比較教育社会学コースは特殊かもし

写真左より九鬼成美、中野円佳、本田由紀、近藤千洋、久保京子。

れません。コースの人数はすごく少ないですけど、強い問題意識があって東大に入学しているとか、第一世代や地方出身者比率も高いんじゃないでしょうか。

本田　そのように思います。一方、東大のマジョリティは、とにかく点数で決めるというメリトクラシーの発想によって、結局は出自が有利な人たちがわんさか入ってきて大きな顔をしているという状況です。本書のようなゲリラ的な本みたいなものは、東大内のマジョリティに対する影響力はあまり持てないかもしれない。だからさっき、東大は教育や不利な人たちへの支援をどうしていくんだろうという話に向かっていましたけど、そこに至るにはまだまだ遠い道のりなのではないかと思います。

近藤　まずは本書がどう受け止められるのかが一つの試金石になるように思います。

久保　アンケートの自由記述では、この調査の意義を褒めてくれたり、結果が出たら知りたいという意見がありました。今回のような研究に期待されている方はアンケートに答えていただいた方以外にも大勢いると思います。

九鬼　東大の教育理念を見ると「良い市民」かつ「グローバル人材」などという壮大なことが書かれています。大学当局は、東大に入学した学生は自然と良い市民になるだろうと考えているのでしょうか。あまり本気で良い市民を育成しようという気はないというか、教育を通じてそのようなことができるとは考えていないのではないかと感じます。だからこの本の第五章で、今までの東大の教育によって良い市民を形成できているとはそこまで言えないのではないかということを、データで示せたのには意味があると思っています。

本田　東大にも課題は多々あるので、それを根拠に基づいて言っていくことはとても大事だと思います。そういう意味をもつこの本に参加してくれて、ありがとうございました。

（2024年11月14日、東京大学本郷キャンパスにて収録）

執筆者一覧

本田由紀（ほんだ・ゆき）編者・序章・第三章
1964年生まれ。東京大学大学院教育学研究科教授。著書に『「日本」ってどんな国？』（ちくまプリマー新書）、『教育は何を評価してきたのか』（岩波新書）など。

久保京子（くぼ・きょうこ）第一章
東京大学多様性包摂共創センタージェンダー・エクイティ推進オフィス特任研究員。主要論文に「自然科学系大学院生の研究時間と満足度に長時間研究文化が及ぼす影響――性差に着目して」（『高等教育研究』第24集）など。

近藤千洋（こんどう・ちひろ）第二章
1996年香川県生まれ。東京大学大学院教育学研究科博士後期課程。JST次世代研究者挑戦的研究プログラム・東京大学「グリーントランスフォーメーション（GX）を先導する高度人材育成（SPRING GX）」プロジェクト生。

中野円佳（なかの・まどか）第四章
1984年生まれ。東京大学多様性包摂共創センターDEI共創推進戦略室准教授。著書に『「育休世代」のジレンマ』（光文社新書）、『教育にひそむジェンダー』（ちくま新書）など。

九鬼成美（くき・なるみ）第五章
1998年生まれ。東京大学大学院教育学研究科博士後期課程。主要論文に「キャリア教育とキャリアと仕事への不安の関係に関する計量的分析――ジェンダーの観点から」（『東京大学大学院教育学研究科紀要』第62巻）など。

ちくま新書
1850

「東大卒《とうだいそつ》」の研究《けんきゅう》
――データからみる学歴《がくれき》エリート

二〇二五年四月一〇日　第一刷発行

編著者　本田由紀（ほんだ・ゆき）

発行者　増田健史

発行所　株式会社 筑摩書房
東京都台東区蔵前二‐五‐三　郵便番号一一一‐八七五五
電話番号〇三‐五六八七‐二六〇一（代表）

装幀者　間村俊一

印刷・製本　株式会社 精興社

ISBN978-4-480-07678-6 C0237

ちくま新書

817
教育の職業的意義
――若者、学校、社会をつなぐ
本田由紀
このままでは、若者たちにとって壮大な詐欺でしかない。教育も仕事も、教育と社会との壊れた連環を修復し、日本社会の再編を考える。

1091
もじれる社会
――戦後日本型循環モデルを超えて
本田由紀
もじれる＝もつれ＋こじれ。行き詰まり、悶々とした状況にある日本社会の見取図を描き直し、教育・仕事・家族の各領域が抱える問題を分析、解決策を考える。

1834
教育にひそむジェンダー
――学校・家庭・メディアが「らしさ」を強いる
中野円佳
ランドセルの色、教育期待差など「与えられる性差」の悪影響と、進行中の前向きな変化。理想（多様性）と現実（根強いバイアス）の間にある違和感の正体に迫る。

1422
教育格差
――階層・地域・学歴
松岡亮二
親の学歴や居住地域など「生まれ」によって、子どもの学歴・未来は大きく変わる。本書は、就学前から高校まで教育格差を緻密に検証し、採るべき対策を提案する。

1174
「超」進学校　開成・灘の卒業生
――その教育は仕事に活きるか
濱中淳子
東西の超進学校、開成と灘に実施した卒業生調査。中高時代の生活や悩みから現在の職業、年収まで詳細に分析。そこから日本の教育と社会の実相を逆照射する。

1451
大学改革の迷走
佐藤郁哉
シラバス、ＰＤＣＡ、ＫＰＩ……。大学改革にまつわる政策は理不尽、理解不能なものばかり。なぜそういった改革案が続くのか？　その複雑な構造をひもとく。

1708
ルポ　大学崩壊
田中圭太郎
教職員に罵声を浴びせて退職強要。寮に住む学生45人を提訴。突然の総長解任。パワハラ捏造。全国の大学で起きた信じ難い事件を取材し、大学崩壊の背景を探る。

ちくま新書

1337
暴走する能力主義
——教育と現代社会の病理
中村高康
大学進学が一般化し、いま、学歴の正当性が問われている。〈能力〉のあり方が揺らぐ現代を分析し、私たちが生きる社会とは何なのか、その構造をくっきりと描く。

1339
オカルト化する日本の教育
——江戸しぐさと親学にひそむナショナリズム
原田実
偽史・疑似科学にもとづく教育論が、教育行政に影響を与えている。欺瞞に満ちた教えはなぜ蔓延したのか。嘘がばれているのに、まかり通る背景には何があるのか。

1511
学力格差を克服する
志水宏吉
学力格差の実態はどうなっているのか？　それを克服するにはどうすればよいのか？「学力保障」の考え方や学校の取り組みなどを紹介し、解決に向け考察する。

1468
国語教育　混迷する改革
紅野謙介
実用文と複数資料を扱う「大学入学共通テスト」の構造的欠陥とは。論理と文学を切り分けた「新学習指導要領」の行方は。歪められつつある国語教育の未来形を考える。

1354
国語教育の危機
——大学入学共通テストと新学習指導要領
紅野謙介
二〇二一年より導入される大学入学共通テスト。高校国語教科書の編集に携わってきた著者が、そのプレテスト問題を分析し、看過できない内容にメスを入れる。

1796
中学受験の落とし穴
——受験する前に知っておきたいこと
成田奈緒子
高学歴親がハマりやすい！　子どもの将来の幸せどころか心身の不調など目の前のトラブルが続出。発達脳科学の視点から語る、家庭生活の重要性と脳の育ちの基本。

1180
家庭という学校
外山滋比古
親こそ最高の教師である。子供が誰でも持つ天才的能力をつなぎとめるには、親が家庭で上手に教育するしかない。誇りを持って、愛情をこめて子を導く教育術の真髄。

ちくま新書

1571
デジタルで変わる子どもたち
――学習・言語能力の現在と未来
バトラー後藤裕子
スマホ、SNS、動画、ICT教育……デジタル技術の発展で急速に変化する子どもの学習環境。最新研究をもとにデジタル時代の学びと言語能力について考察する。

1455
ことばの教育を問いなおす
――国語・英語の現在と未来
鳥飼玖美子
苅谷夏子
苅谷剛彦
大学入学共通テストへの記述問題・民間試験導入などで揺れ動く国語教育・英語教育。ことばの教育はどうあるべきなのか、3人の専門家がリレー形式で思考する。

399
教えることの復権
大村はま
苅谷剛彦・夏子
詰め込みかゆとり教育か。今再びこの国の教育が揺れている。教室と授業に賭けた一教師の息の長い仕事を通して、もう一度正面から「教えること」を考え直す。

1784
使える！　予習と復習の勉強法
――自主学習の心理学
篠ケ谷圭太
予習と復習ってなにをやればいいの？　そんな疑問に答えるべく、効果的な勉強法や苦手科目での最低限のメソッドなどを伝授します。授業の理解度が変わるはず。

1549
日本の教育はダメじゃない
――国際比較データで問いなおす
小松光
ジェルミー・ラプリー
「いじめや不登校」「ゆとり教育の失敗」……日本の教育への数々の批判は本当なのか？　気鋭の2人が国際比較データを駆使して教育問題に新たな視点を提供する。

1041
子どもが伸びる ほめる子育て
――データと実例が教えるツボ
太田肇
「ほめて育てる」のは意外と難しい。間違えると逆効果。どうしたら力を伸ばせるのか？　データと実例で「ほめ方」を解説し、無気力な子供を変える育て方を伝授！

1239
知のスクランブル
――文理的思考の挑戦
日本大学文理学部編
文系・理系をあわせ持つ、文理学部の研究者たちが結集。18名の研究紹介から、領域横断的な「知」の可能性が見えてくる。執筆者：永井均、古川隆久、広田照幸ほか。

1371
アンダークラス
——新たな下層階級の出現
橋本健二
就業人口の15％が平均年収186万円。この階級の人々はどのように生きているのか？　若年・中年、女性、高齢者とケースにあわせ、その実態を明らかにする。

1338
都心集中の真実
——東京23区町丁別人口から見える問題
三浦展
大久保1丁目では20歳の87％が外国人。東雲1丁目だけで子どもが2400人増加。中央区の女性未婚者増は男性の倍。どこで誰が増えたのか、町丁別に徹底分析！

1288
これからの日本、これからの教育
前川喜平
寺脇研
二人の元文部官僚が「加計学園」問題を再検証し、生涯学習やゆとり教育、高校無償化、夜間中学など一連の改革をめぐってとことん語り合う、希望の書！

1125
ルポ　母子家庭
小林美希
夫からの度重なるDV、進展しない離婚調停、親子のギリギリの生活……。社会の矛盾が母と子を追い込んでいく。彼女たちの厳しい現実と生きる希望に迫る。

1617
情報生産者になってみた
——上野千鶴子に極意を学ぶ
上野ゼミ卒業生チーム
かつて志望者ゼロだったこともある〝最恐のゼミ〟で、卒業生たちは何を学び、どう活かしてきたのか。上野千鶴子『情報生産者になる』の必携副読本。

1350
英語教育幻想
久保田竜子
英語は全世界の人々を繋ぐ？　英語力は経済的な成功に？　ネイティブ教師について幼少期から学習するのが良い？　日本人の英語信仰、その真偽をあぶりだす。

1163
家族幻想
——「ひきこもり」から問う
杉山春
現代の息苦しさを象徴する「ひきこもり」。閉ざされた内奥では何が起きているのか？〈家族の絆〉という神話に巨大な疑問符をつきつける圧倒的なノンフィクション。

ちくま新書

1521
ルポ 入管
――絶望の外国人収容施設
平野雄吾
「お前らを日本から追い出すために入管（ここ）があるんだ」。密室で繰り広げられる暴行、監禁、医療放置――。巨大化する国家組織の知られざる実態。

1528
レイシズムとは何か
梁英聖
「日本に人種差別はあるのか」。実は、この疑問自体が差別を生み出しているのだ。「人種」を表面化させず、差別を扇動し、社会を腐敗させるその構造に迫る。

1496
ルポ 技能実習生
澤田晃宏
どのように日本へやってきたか。なぜ失踪者が出るのか。働く彼らの夢や目標と帰国後の生活とは。国際的な人材獲得合戦を取材して、見えてきた労働市場の真実。

1433
ソーシャルワーカー
――「身近」を革命する人たち
井手英策／柏木一恵
加藤忠相／中島康晴
悲惨に立ち向かい、身近な社会を変革するソーシャルワーカー。人を雑に扱う社会から決別し、死ぬまで人間らしく生きられる社会へ向けて提言した入魂の書！

1419
夫婦幻想
――子あり、子なし、子の成長後
奥田祥子
愛情と信頼に満ちあふれた夫婦関係は、いまや幻想なのか。不安やリスクを抱えつつも希望を見出そうとして苦闘する夫婦の実態を、綿密な取材に基づいて描き出す。

1020
生活保護
――知られざる恐怖の現場
今野晴貴
高まる生活保護バッシング。その現場では、いったい何が起きているのか。自殺、餓死、孤立死……。追いつめられ、命までも奪われる「恐怖の現場」の真相に迫る。

1029
ルポ 虐待
――大阪二児置き去り死事件
杉山春
なぜ二人の幼児は餓死しなければならなかったのか？現代の奈落に落ちた母子の人生を追い、女性の貧困を問うルポルタージュ。信田さよ子氏、國分功一郎氏推薦。

ちくま新書

941
限界集落の真実
――過疎の村は消えるか?
山下祐介
「限界集落はどこも消滅寸前」は嘘である。危機を煽り立てるだけの報道や、カネによる解決に終始する政府の過疎対策の誤りを正し、真の地域再生とは何かを考える。

1100
地方消滅の罠
――「増田レポート」と人口減少社会の正体
山下祐介
「半数の市町村が消滅する」は嘘だ。「選択と集中」などという論理を振りかざし、地方を消滅させようとしているのは誰なのか。いま話題の増田レポートの虚妄を暴く。

1235
これが答えだ! 少子化問題
赤川学
長年にわたり巨額の税金を投入しても一向に改善しない少子化問題。一体それはなぜか。少子化対策をめぐるパラドクスを明らかにし、この問題に決着をつける!

1242
LGBTを読みとく
――クィア・スタディーズ入門
森山至貴
広まりつつあるLGBTという概念。しかし、それだけでは多様な性は取りこぼされ、マイノリティに対する差別もなくならない。正確な知識を得るための教科書。

1489
障害者差別を問いなおす
荒井裕樹
「差別はいけない」。でも、なぜ「いけない」のかを言葉にする時、そこには独特の難しさがある。その理由を探るため差別されてきた人々の声を拾い上げる一冊。

1558
介助の仕事
――街で暮らす/を支える
立岩真也
大勢の人が介助を必要としていてもその担い手がいない。どうすればいいのか。介助の仕事のあり方から制度のことまで、利用者にとっても大事なことを語り尽くす。

1650
辺野古入門
熊本博之
なぜ、ここに新しい基地が――? 20年にわたるフィールドワークをもとに、社会学者が、辺野古の歴史と現在を描き出す。親愛にみちた、沖縄入門。